焼肉の達人

小関尚紀

ダイヤモンド社

はじめに

焼肉で肉を黒焦げにした経験はありませんか？

生産者や焼肉店の努力で今、ほんとうに美味しい、素晴らしい牛肉を食べられるようになりました。昔と違って、細かく部位も提供されて、食べ比べることで焼肉の新しい魅力に触れる事も多くなりました。

ただ、他の外食と違って、焼肉は自分で焼くことが多いにもかかわらず、ほとんどの読者は部位ごとの美味しい焼き方を学んだ機会がないことと思います。せっかく生産者や焼肉店の努力によって提供された素晴らしい肉が、黒焦げになったりしたら、とっても悲しいことだと思います。生産者や焼肉店さんも美味しく食べて欲しいはずです。

私は、生産者でもなく、焼肉店での勤務経験もありません。ただの焼肉好きです。ただ、肉を焼くプロセス、仕上げを自ら行う焼肉だからこそ、焼くことが多かった過去の経験値をもとにパターン化し、いつ、何をどのように意識することが焼くポイントとして重要で、お伝えできるのだと気づきました。本書は、焼き方の知識がほとんどない方でも、牛肉本来の美味しさを十分に味わってもらうために、レシピの手順のように、焼き方の手順を写真で紹介するようにしました。

また、後半では、私が出会ってきた素晴らしい焼肉店を、オススメのメニューを紹介しながら、お伝えしています。有名店から、まだあまり、知られていない実力店、高級店からコスパの良いお店まで、41店を紹介しました。この本が、きっかけで、焼肉の魅力を再発見して頂ければ嬉しいです。

私は、決して焼肉の達人ではありません。この本をつくるために、多くの達人の方に、焼き方や焼肉の素晴らしさを教えていただきました。出会って頂いた多くの達人達に、感謝申し上げます。

さぁ、今からが焼き方の実践編。

左手に『焼肉の達人』、右手にトングをつかみ、肉を焼きましょう。

小関尚紀

目次●『焼肉の達人』

目次 CONTENTS

21部位＋3つのスペシャルな焼き方

部位別　美味しい焼き方教えます!!

炭火・ガス

「これを食え！」のメニュー付

達人・激オススメの焼肉店41店

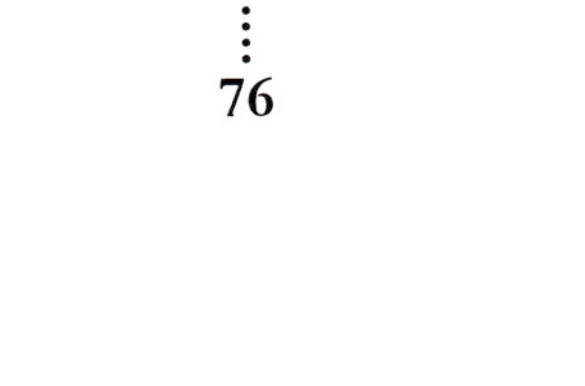

目次

CONTENTS

※掲載した情報は、基本的に2018年5月現在のものです。メニューの料理名や、内容、価格、営業時間、休日などが変更になっている場合もあります。価格は、特に表記がない場合は、消費税別で記載しています。

6つのPOINT

MEAT WELL,
LIFE WELL

POINT 4 肉の厚さによって置く位置と焼き時間は変わる(→13ページへ)

肉の厚さによって、火入れが変わります。肉を焼く接地面の外部温度と肉の内部温度に差が出るからです。よって、厚切りと薄切りでは焼く時間、肉を置く位置、部位により焼き方が変わります。今回の焼き方で対象とするのは、厚切りで1cm程度、薄切りで、3〜4mm程度の肉で、焼き方が大きく変わる塊肉は対象としていません。

POINT 5 冷蔵肉(チルド)を対象として焼く(→13ページへ)

肉の保存には大きく分けると、冷蔵肉(チルド)と冷凍肉があります。今回、焼き方編でご紹介するのは冷蔵肉です。旨さのカギは、何と言っても肉汁。肉汁を封じ込めて、ジューシーに仕上げましょう。冷凍肉は、解凍してから焼かないと火が中心まで入りづらく、焼きのスタート段階で状態の差が大きいので、本書では対象外とします。

POINT 6 部位によって焼き方は変わる! 10の焼きパターンをマスターしよう(→14ページへ)

空前の焼肉ブームにより、部位と焼き方が複雑になっています。そこで部位、正肉《しょうにく》、内臓、厚さ、判の大きさの特色を踏まえたパターン別焼き方をご紹介します。肉は美味しく焼いて食べたいけど、焼肉は自分で焼かなければならず、しかも複雑。そんな時こそ使えるのが、このパターン別の焼き方です。

焼き方の基本 焼く前に押さえさるべき

焼肉は、肉を焼くプロセスを自分たちに委ねられます。
いくら良質なお肉を提供されても上手に焼けないケースが多々あります。
焼肉は、焼き方次第で美味しくなくなる減点法のグルメなんです。
いかに美味しい状態のお肉を、意識し、最少失点で焼き上げるか？
減点を最小限に食い止めるための６つのポイントをマスターしてください。

POINT 1 ガスは端が強火、炭火は真ん中が強火 (→10ページへ)

まず、焼き台のガス火と炭火の特徴を理解することです。ガス火の特徴は、肉を直火焼きではなく、鉄板を熱して焼きます。炎の上がる両端が強火、真ん中が中火、炎の上がらないサイドが弱火です。

炭火の特徴は、直火で肉を焼きます。炭の配置に影響を受けますが、炭の高い位置（主に網の真ん中）の温度が高く、外側に向かうにつれて温度が低くなります。

POINT 2 肉が汗をかいてきたらチラ見する (→11ページへ)

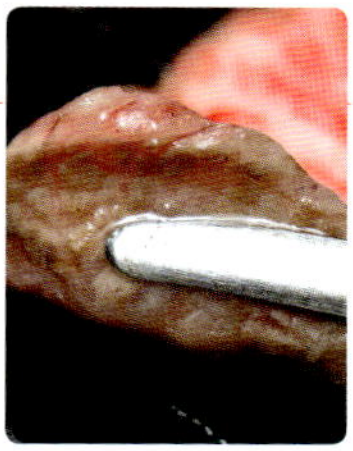

肉焼き中のポイントは、肉の汗を見逃さないこととチラ見です。生肉を加熱し、内部温度が65.5度に達すると肉汁が放出されます。この時、肉が汗をかいてくるので、かき始めが裏返す時のサインです。

裏返す時に大事なのがチラ見です。全部返さずとも、トングで肉の端をつかんでチラ見し、薄茶色に変化していれば絶好の返し時です。

POINT 3 肉のくっつき防止は、トングクロールとレモンのベタ塗りで解消 (→12ページへ)

焼き網の肉のくっつき防止策は、TONG CRAWL(トングクロール)とレモンのベタ塗りです。焼き網に肉をのせ、2秒以内にトングの片面を肉と網の接地面に這わせます。くっつきそうな面にあらかじめトングを這わせるのでTONG CRAWL。2つ目は、レモンのベタ塗りです。レモンに含まれるクエン酸は、蛋白質の凝固予防になるので、加熱前の網にレモンのベタ塗りで、くっつき予防効果が抜群です。

POINT 1

ガスは端が強火、炭火は真ん中が強火

ガス

ガスは
真ん中が中火、
外側が弱火になる！

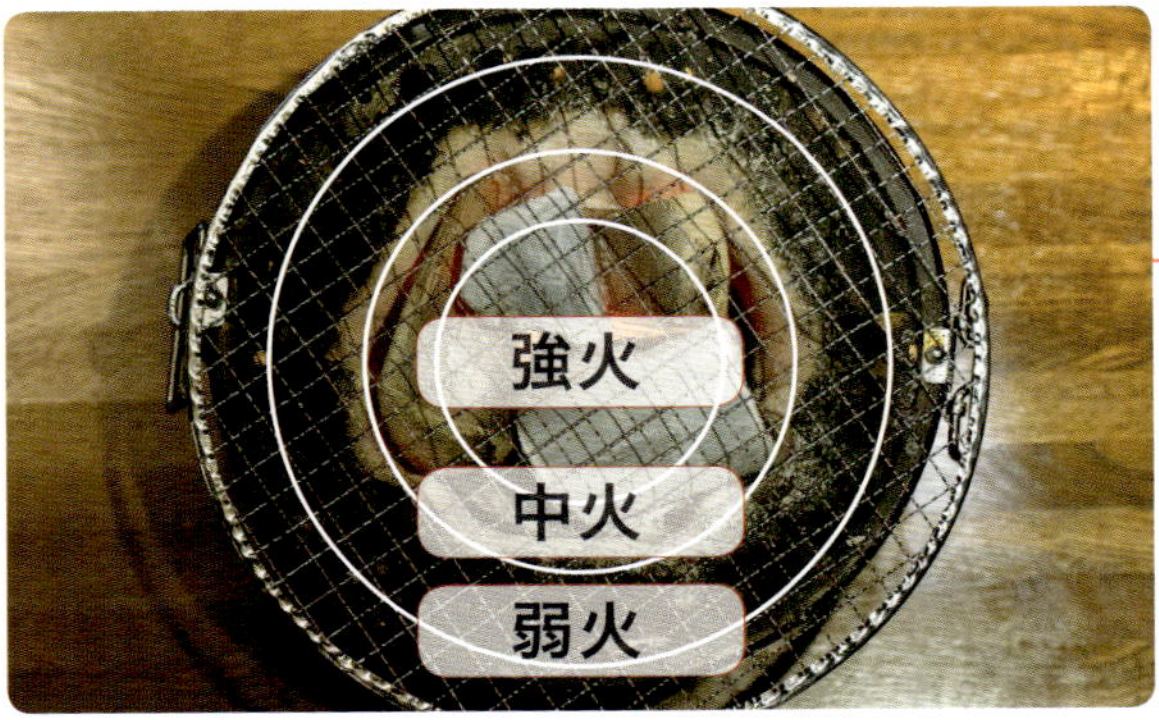

炭火

炭火は真ん中から
強火→中火→弱火
になる！
炭の配置も重要

ガス火は温度が安定、炭火は直火でふっくら焼ける

肉を焼く前にガス火と炭火の特徴を理解することがポイントです。

ガス火の基本的な特徴は、炎の上がる両端が強火、真ん中が中火、火のあたらないサイドが弱火になります。**ガス火**は肉を直接火で焼くのではなく、**鉄板を熱して肉を焼きます。**肉を焼く温度は安定しますが、炭火と比較して火力が弱く、**ふっくら焼きづらいという難点**があります。

炭火の基本的な特徴は、網の真ん中の温度が高く、外側に向かうにつれて温度が低くなります。ただし、七輪に置く炭の位置で、火力の強弱にバラツキが出るため、**火加減の調節が困難**です。火の勢いが強く、直接、火で肉を焼くので、うまく焼ければ外側はカリッと、内側は柔らかくジューシーに仕上がります。

POINT ❷
肉が汗をかいてきたらチラ見する

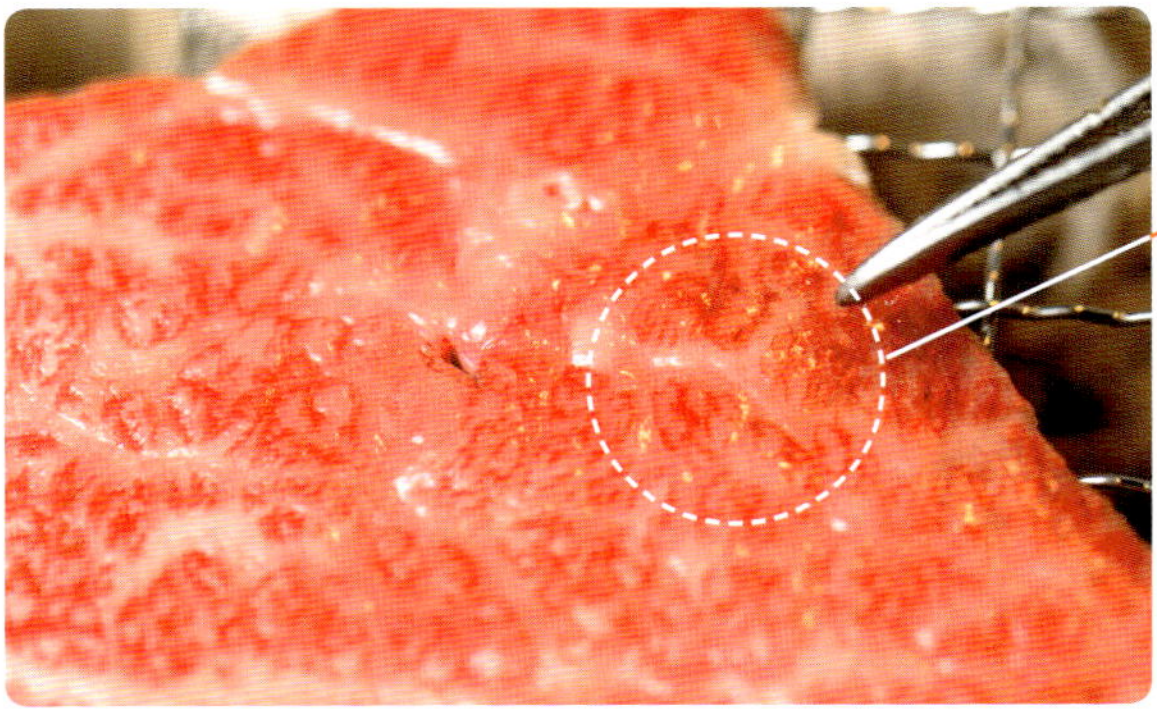

この水分が
肉の汗。
見逃すな！

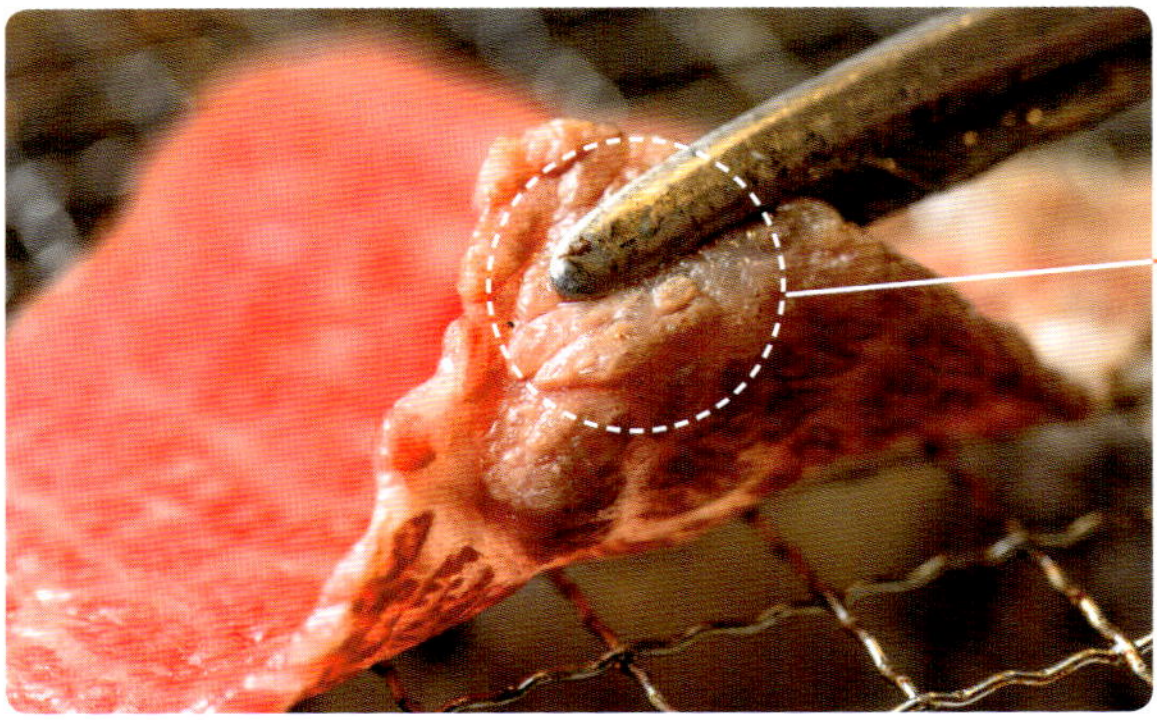

トングで
肉の端をつかみ、
色が変わって
いるか確認。
チラ見する!

焼き方の基本 | BASIC OF GRILLING MEAT

絶好の裏返し時、それは肉の汗で分かる！

肉に熱を加えていき、内部温度が65.5度に達すると肉汁が放出されます。蛋白質の一つで水分をたっぷりつかんでいるアクチンが変性し、収縮することで水分を外に絞り出してしまいます。これが、いわゆる、肉汁です。そのまま放置して焼き続けると、肉汁は放出し続け、肉が硬くなります。なので加熱し、**肉がジンワリ汗をかいてきたら（本書では肉の汗とします）、肉を裏返す時のサインです。**肉がジンワリ汗をかいてきて、裏返す時に大事なのが**チラ見**です。真っ赤だった肉が、透明感を失って→ほんのり桜色→薄茶色になっていく頃合いで、全部返さずとも、**トングで肉の端をつかんでチラ見してください。**薄茶色になっていれば絶好の返し時です。

POINT 3

肉のくっつき防止は、トングクロールとレモンのベタ塗りで解消

トングクロール

肉と網の接地面にトングを這わせる

レモンのベタ塗り

肉を焼く前にレモンをベタ塗り。クエン酸効果でくっつかない！

焼きのプロっぽく見せる2つの超絶技巧

肉は焼くと思いの外、くっつきます。特に網。理由は、熱を加えると蛋白質がくっつきやすい性質だからです。こんな時に知っておきたいとっておきの解消技。一つ目はTONG CRAWL（トングクロール）。十分に網を温め、肉をのせてから、2秒以内にトングの片面を、肉と網の接地面に這わせます。くっつきそうな面にあらかじめトングを這わせるのでTONG CRAWL。プロっぽく見えるので、2回這わせてもいいでしょう。

2つ目は、レモンのベタ塗りです。レモンに含まれるクエン酸は、熱を加えても蛋白質の凝固予防になるので、熱する前の状態で、レモンをベタ塗りしましょう。焼き魚で焼き網にレモンを塗る時の焼肉応用版です。特に接待焼肉やデート焼肉の際、覚えてお

POINT ④
肉の厚さによって置く位置と焼き時間は変わる

厚切り
厚さは、1cm。外側は網目がしっかり焼き付くほど焼きつつ、中心に火入れしていく。

薄切り
厚さは3～4mm。強火で焼き始め、中火で仕上げていく。

POINT ⑤
冷蔵肉(チルド)を対象として焼く

本書では、冷蔵肉の焼き方を解説します！

冷蔵肉
旨さのカギは肉汁。肉汁を封じ込めて、ジューシーに仕上げよう。

冷凍肉
とにかく焼き方が難しい。解凍してから焼かないと、火が中心まで入りにくいので、今回は対象外。

焼き方の基本 | BASIC OF GRILLING MEAT

まず見るべきは、肉の厚さ。次に冷蔵肉か、冷凍肉か

くと良い超絶技巧です。

肉の厚さによって、肉を焼く接地面の外部温度と肉の内部温度に差が出ます。よって、火入れする際、厚切りと薄切りでは肉を焼く時間、置く位置、焼き方が変わります。今回の焼き方で対象とするのは、厚切りで1cm程度、薄切りで、3～4mm程度の肉で、塊肉は対象としていません。

肉の保存には大きく分けると、冷蔵肉と冷凍肉があります。今回、焼き方編でご紹介するのは冷蔵肉になります。冷凍肉は、一度冷凍すると肉汁放出のポイントとなる蛋白質が影響します。冷凍肉はすぐに焼かず、テーブルの上に置いてしばらく待ち、常温に戻しましょう。冷蔵肉は、早めに表面を焼き固め、肉汁包囲を意識しましょう。

部位によって、
焼き方は変わる!

POINT 6

10の焼きパターンをマスターしよう

焼きパターンA　さっと脂溶かし焼き
強火で一気に焼き色を変える!

焼きパターンB　しゃぶしゃぶ焼き
しゃぶしゃぶの要領で、しなやかに脂を落としながら焼く!

焼きパターンC　さらっと肉焼き
肉が硬くならないよう、中火から火入れする!

焼きパターンD　網目しっかり焼き
分厚い肉は、焼く肉の内部温度を意識して、しっかり焼く!

焼きパターンE　ごっそりまとめ焼き
複数枚の肉にふんわり空気を入れるように、まとめて焼く!

焼きパターンF　ローリング巻き巻き焼き
肉の端からトングで中心部に向かって、くるくる巻きながら焼く!

焼きパターンG　片面サンド焼き
内部は焼かず、外部はこんがり焼き。表裏のアンバランスな食感を楽しむ!

焼きパターンH　6面体焼き
側面も焼いて、肉汁を完全包囲する!

焼きパターンI　コロコロ転がしフランベ焼き
火の強中弱の位置を知り、コロコロ転がせば百戦危うからず!

焼きパターンJ　巨大肉のまるっと全部焼き
大ぶりのカット肉は四の五の言わず、豪快に全部焼き台にのせて焼く!

霜降り肉、赤身肉、ホルモン……小関流オススメ10の焼きパターン

今、空前の焼肉ブームです。人気のきっかけは、部位の細分化による食べ比べですが、複雑になり過ぎて、部位名、焼き方が難しくなってきています。

例えば、カルビ。昔は特上、上、並と呼んでいましたが最近は、三角バラ、ササバラ、インサイドスカートと部位名で呼ぶことが多い。

しかも焼肉は、メインである肉の調理プロセス、仕上げをお客さん本人に委ねるのですから、困難を極めます。

僭越ながら、私がパターン別にオススメの焼き方をご提案してみました。もちろん、皆さんが焼く時と条件が一律ではないので、その辺りはご理解ください。

焼きパターン B　しゃぶしゃぶ焼き
ガスだけの焼き方！

しゃぶしゃぶの要領で、
しなやかに脂を落としながら焼く！

肉の端をトングでつかみ、中火エリアで左右に肉を動かし、しゃぶしゃぶします。

▼

焼き色が変わったら裏返して中火エリアに置きます。裏面は軽く焼く程度でOK。

焼きパターンB「しゃぶしゃぶ焼き」は、霜降り肉の時に、鉄板の上で肉をしゃぶしゃぶ躍らせるように焼きます。

鉄板の中火エリアでしゃぶしゃぶし、裏返した後も中火エリアで焼き続行。しゃぶしゃぶ焼きは、ガスだけの焼き方なので要注意。

【部位】リブ芯(P58)、三角バラ(P56)

焼きパターン A　さっと脂溶かし焼き
霜降り肉にオススメ！

強火で一気に焼き色を変える！

肉の端をトングでつかみ、鉄板の強火エリアに置きます。

▼

肉にじんわり汗が出てきたら裏返して、中火エリアに移動。裏面は軽く焼く程度で完成です。

焼きパターンA「さっと脂溶かし焼き」は、主に霜降り肉の焼き方で、ちゃんと脂を落とした方が、美味しく頂けます。

ガスも炭火も、最初は強火エリアに置き、強火で脂をさっと溶かすように焼きます。裏返した後は、中火エリアに移動します。

【部位】ミスジ(P50)、ザブトン(P48)、ササバラ(P52)、トモサンカク(P46)、イチボ(P44)

厚切りタンがオススメ！

焼きパターン D

網目しっかり焼き

分厚い肉は、肉の内部温度を意識して、しっかり焼く！

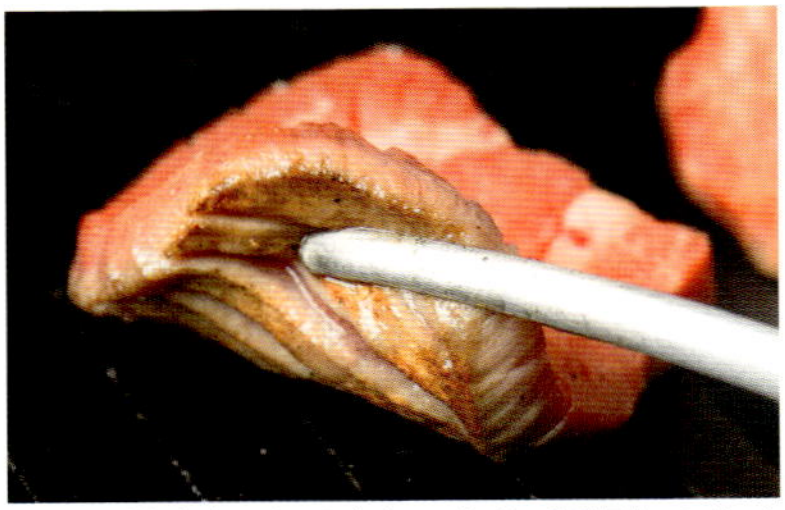

側面の焼き色が1/3変わったら、裏返しのサイン。

▼

肉の端をトングでチラ見し、しっかり焼きで裏返したら、中火エリアへ移動。網目がしっかり付くまで焼き上げます。

焼きパターンD「網目しっかり焼き」にオススメなのが、厚切りタン！ 裏表をしっかり焼き切ってこそ、シャクゥとした厚切りタンならではの食感が楽しめます。

ガスでは、まず鉄板手前の強火エリアに置き、裏返したら中火エリアに。炭火は、中火エリアオンリーで。脂肪分の多いタンは、しっかり中まで火を通した方が旨い！

【部位】厚切りタン（P30）

赤身肉にオススメ！

焼きパターン C

さらっと肉焼き

肉が硬くならないよう、中火から火入れする！

肉の端をトングでつかみ、網の中火エリアに置きます。

▼

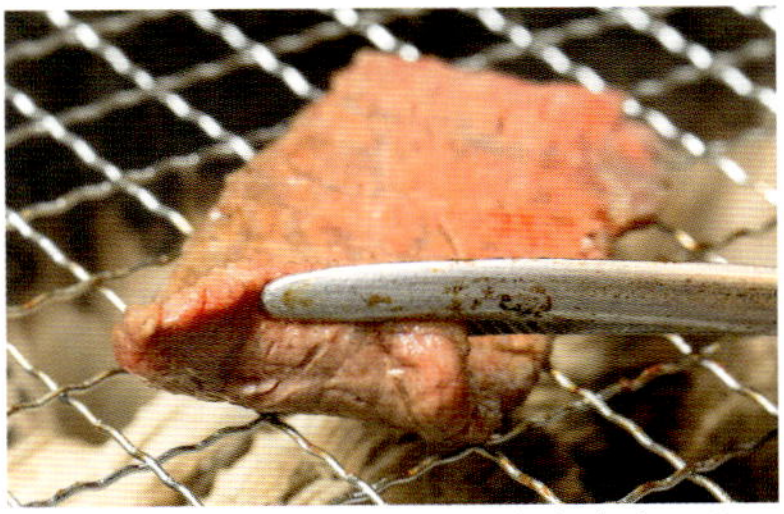

早めのチラ見を心がけ、そのまま中火エリアで裏返し。裏面は軽く焼く程度で。

焼きパターンC「さらっと肉焼き」に適している赤身肉は、脂が少ない分、さっと焼いて肉の味を楽しみます。

ガスも炭火も終始、中火エリアを死守。脂が少ないので、焼き過ぎると硬くなって美味しくありません。

【部位】クリミ（P32）、カイノミ（P42）、ランプ（P38）、ナカニク（P36）、ウチモモ（P34）、ヒレ（P40）

大判の肉にオススメ！

焼きパターン F
ローリング 巻き巻き焼き

肉の端からトングで中心部に向かって、くるくる巻きながら焼く！

肉を置いたらすぐに巻き始める準備を。端から中心部に向かってトングで巻いていきます。

▼

網（鉄板）との接地面を焼き固めるように巻くのがポイントです。

▼

巻いた状態のまま、コロコロ転がししっかり焼き固めます。

焼きパターンF「ローリング巻き巻き焼き」は、大判の肉にオススメの焼き方です。外はカリッと、中はミディアム状態！

ガスも炭火も、中火エリアに肉を置き、端から中心部に向かってローリング巻き巻き。仕上げにしっかり焼き固めるので、外側はウェル、内側はミディアムと二度美味しい！

【部位】大判の肉。本書ではザブトン(P48)

タレの並カルビにオススメ！

焼きパターン E
ごっそり まとめ焼き

複数枚の肉にふんわり空気を入れるように、まとめて焼く！

全部の肉をトングでつかみ、豪快に中火エリアに放り置き。片面が焼けるまで、そっとしておきます。

▼

片面が焼けたら、まとめて全部ひっくり返し、やさしく重ねて肉山をつくる。下にある肉を引っ張り出し、上へ上へと回転焼き。

▼

全体的に肉の色が変わったら、少し蒸らして完成。外はこんがり、中はレア状態！

焼きパターンE「ごっそりまとめ焼き」に適しているのが、並カルビのタレ肉。上品に一枚ずつ焼くより、豪快な焼き方が良いです。まとめ焼きで、肉が蒸され、ふっくらします。

ガスも炭火も、中火エリアでまとめて焼きます。肉を重ねて蒸し焼きにするので、外はこんがり、中はふっくら！

【部位】タレの並カルビ。本書ではインサイドスカート(P62)

ハラミがオススメ！

焼きパターン H

6面体焼き

側面も焼いて、
肉汁を完全包囲する!

肉の端をつかみ、強火エリアに置きます。

▼

裏返したら、そのまま強火エリアで、側面を焼きます。

▼

側面焼き同様、縦横、合計6面を焼き上げます。

焼きパターンH「6面体焼き」は、主にハラミ、サガリなど、焼き切った方が美味しい肉の焼き方です。

ガスも炭火も、最初から最後まで強火オンリー。内臓肉なので、両面、側面、縦横全ての6面体をしっかり焼き固めます。

【部位】ハラミ（P66）

ネギ盛りメニューにオススメ！

焼きパターン G

片面サンド焼き

内部は焼かず、外部はこんがり焼き。
表裏のアンバランスな食感を楽しむ!

ネギこぼれ防止のために、トング二刀流で肉をつかみ、焼き台に移動。強火エリアに置きます。

▼

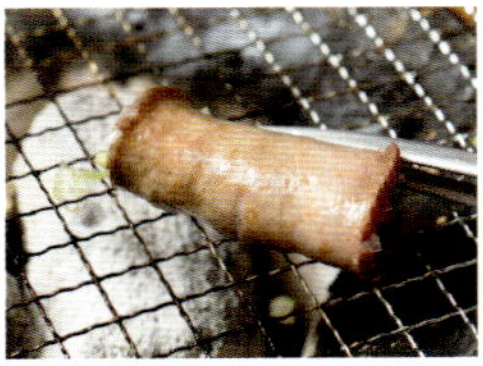

肉の端をトングでつかみ、ネギを包みサンドします。これぞ片面焼き。

▼

片面の中央、裏面も焦げ目が付くよう焼き固めます。外面はしっかり、中は蒸し焼きを意識します。

焼きパターンG「片面サンド焼き」はネギ盛りメニューの焼き方です。外はきっちり焼き切り、中はレアなので、違う食感が楽しめます。

ガスも炭火も、強火エリアから焼きスタート。裏面が焼けたら、どちらも中火エリアで片面だけ焼き固めます。これで内側はレアに！

【部位】ネギタン塩（P60）

焼きパターン J　巨大肉のまるっと全部焼き

大判の肉にオススメ！

大ぶりのカット肉は四の五の言わず、豪快に全部焼き台にのせて焼く！

焼き台の中心に、肉をまるっと全部置きます。

焼き色を確認したら、トング二刀流でまるっと全部、焼き台中心に裏返します。

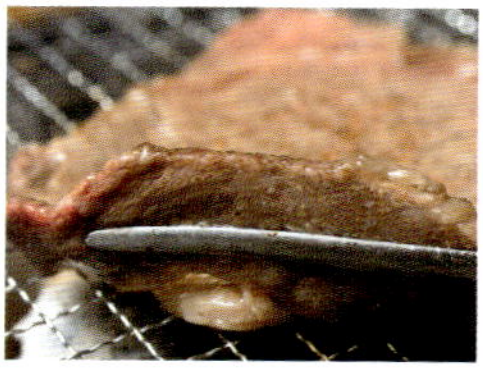

裏面は軽く焼く程度で完成です。

焼きパターンJ「巨大肉のまるっと全部焼き」、これはあまりお目にかかるケースは少ないかもしれせんが、ひるむことなく豪快に焼き切ること。これがいちばん美味しく食べられます。

ガスも炭火もおんなじ。焼き台の中心部に全部のせてまるっと焼きます。巨大肉なので、エリアを意識する必要なし。肉が切れないよう、トング二刀流で慎重に扱おう！

【部位】サーロイン（P54）

焼きパターン I　コロコロ転がしフランベ焼き

ホルモンはこれで決まり！

火の強中弱の位置を知り、コロコロ転がせば百戦危うからず！

最初は強火エリアで。表面がぷっくり膨らんできたら裏返しの合図です。

側面を転がしてチラ見し、裏が焼けたら、中火エリアにコロコロ転がし移動。側面が焼けたら、弱火エリアへ。

仕上げは、強火エリアでフランベ。これで余分な脂が程よく落ちます。

焼きパターンI「コロコロ転がしフランベ焼き」はホルモンを、あえて同じ焼きパターンにしました。コロコロ焼き育てるホルモンは、最後のフランベで脂を落として完成です。

ガスも炭火もおんなじ。焼き始めは強火エリア。裏返したら中火エリア。側面が焼けたら、弱火エリアに移動して、コロコロ焼き。最後の仕上げは強火エリアでフランベ！

【部位】シマチョウ（P68）、マルチョウ（P70）、ギアラ（P72）、ミノ（P74）

焼肉を
もっと美味しく!

塩とタレ以外で食べる
オススメのつけダレ8種

1. 出汁《だし》トロロ

すき焼き風焼肉。生卵の代わりに出汁トロロを絡めて食べるので、すき焼きで使用する肉が合います。[ザブトン]や、[リブロース]。

2. 生胡椒《なまごしょう》の塩漬け

生胡椒は、収穫時の粒のまま塩水に漬け込んでいるので、味にパンチがあります。先に3粒口に入れ、こんがり焼いたハラミやサガリを頬張って口内調理を。定番スター部位のハラミ、サガリの新境地!

焼肉＝タレだけじゃもったいない! つけダレで3割増しに旨くなる

最近、焼きすき焼きなるメニューが定着しつつあります。大判で薄目にカットされた甘辛のタレに絡めたお肉を鉄板ですき焼きの要領でサッと焼き、卵の黄身を絡めて頂きます。旨い理由は簡単です。ザブトンは、通常のすき焼きで使用される部位なのです。要するに、すき焼きの鉄鍋の代わりにタレを絡めたザブトンを鉄板で焼き、溶き卵で頂くのですから、まるですき焼きです。ザブトンにすき焼きの食べ方がマッチしないわけがありません。すき焼きでも卵ではなく、出汁トロロを提案しますが、これがタレ肉にネットリと絡みつき、驚くほどマッチします。このように他の肉料理での食べ方、合わせ方を焼肉で楽しめるようご紹介します。

意外と和食系の調味料が肉に合う！

焼肉は食べ方次第で、まだまだ可能性・拡大を秘めるグルメです。その可能性を拡大させる一つのヒントは、他の牛肉料理での食べ方の応用です。ここでは、他の牛肉料理の食べ方4つと変わり種2つを集めてみました。

しゃぶしゃぶからは、霜降り肉をさっぱりと食べるポン酢。ヒレ肉ステーキを濃厚に味わうガーリックバター。ローストビーフをつくる赤身肉はピリッと、ホースラディッシュで。タン塩には、酸味の優しいカボス。変わり種としては、意外に合う辛子醤油と実山椒の醤油漬けを紹介しています。

ここにはありませんが、肉寿司の定番は、山葵醤油です。いずれも焼肉としては珍しい食べ方ですが、合わないはずがありません。手軽に入手できる調味料なので、ぜひ、トライしてみてください。

3. ポン酢、塩ポン酢

しゃぶしゃぶは霜降り肉を、出汁にしゃぶしゃぶと潜らせてポン酢で食べますよね。霜降りで旨味があり、肉質もきめ細かい薄切りのリブロースかザブトンが合います。

4. ガーリックバター

ヒレの部位は、きめ細かい肉質で柔らかくなり上品な味わいになります。塩胡椒でも十分ですが、ステーキと同様、味の濃いガーリックバターで濃厚に。醤油に入れても美味。

5. 西洋山葵（わさび） ホースラディッシュ

ホースラディッシュは日本の山葵同様、鼻にツンとくる辛味があります。西洋料理では、ローストビーフには欠かせない薬味です。ランプ、ウチモモやナカニクに合います。

6. カボス

繊細で臭みのない和牛のタン塩にレモンの酸味は強過ぎます。タンの良さを引き出し、やさしい味わいを楽しめる酸味のカボスタンをオススメします。

7. 辛子醤油

意外にマッチするのが、辛子醤油での食べ方です。程良い辛みとコクは、タンパクなタンに新しい味わいを提供。これが、タンや次世代ファーストオーダー候補のハツにも合います。

8. 実山椒（みざんしょう）の醤油漬け

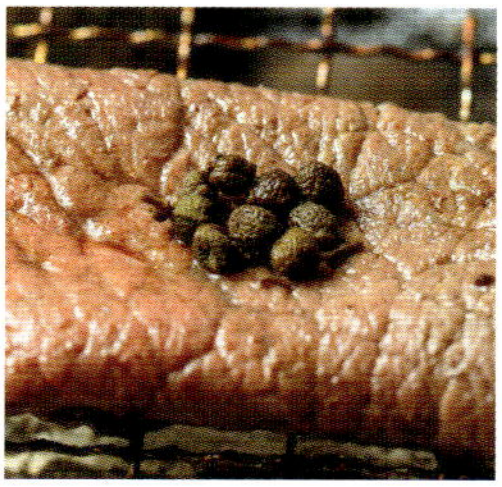

実は、何を隠そう柑橘類ミカン科なのが山椒です。実山椒を先に3粒食べ、さっぱりめの赤身肉を口に運んで口内調理。ピリッとしつつ、ほのかな柑橘系の香りで新境地を味わえます。

本書では、21部位を紹介！

これから焼く肉は、どこの部位？

焼肉の達人になるために、「牛肉部位」をマスターしよう！

霜マーク
霜降りのお肉になります。

赤マーク
赤身のお肉になります。

牛は大きく分けると［まえ］［ロイン］［モモ］［トモバラ］に大分割され、さらに13小分割されます。焼肉で食べるメニューは、さらに細分化した部位になります。今回は、13小分割のうち、焼肉には適さないスネとネックを除き、トモバラを２つに分けた12の部分肉、そのうち代表的な部位を1〜２選択し、焼き上げました。

正肉

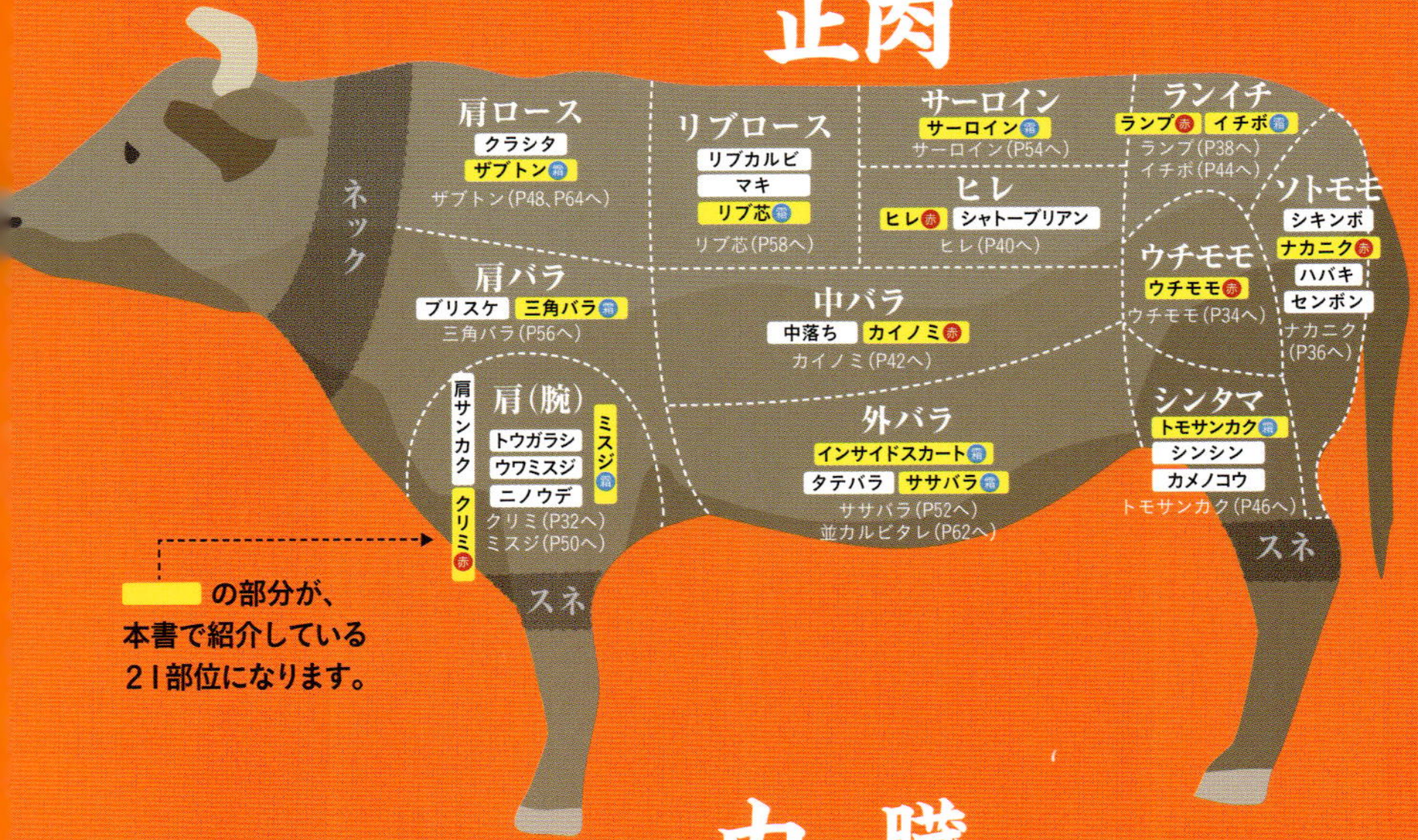

内　臓

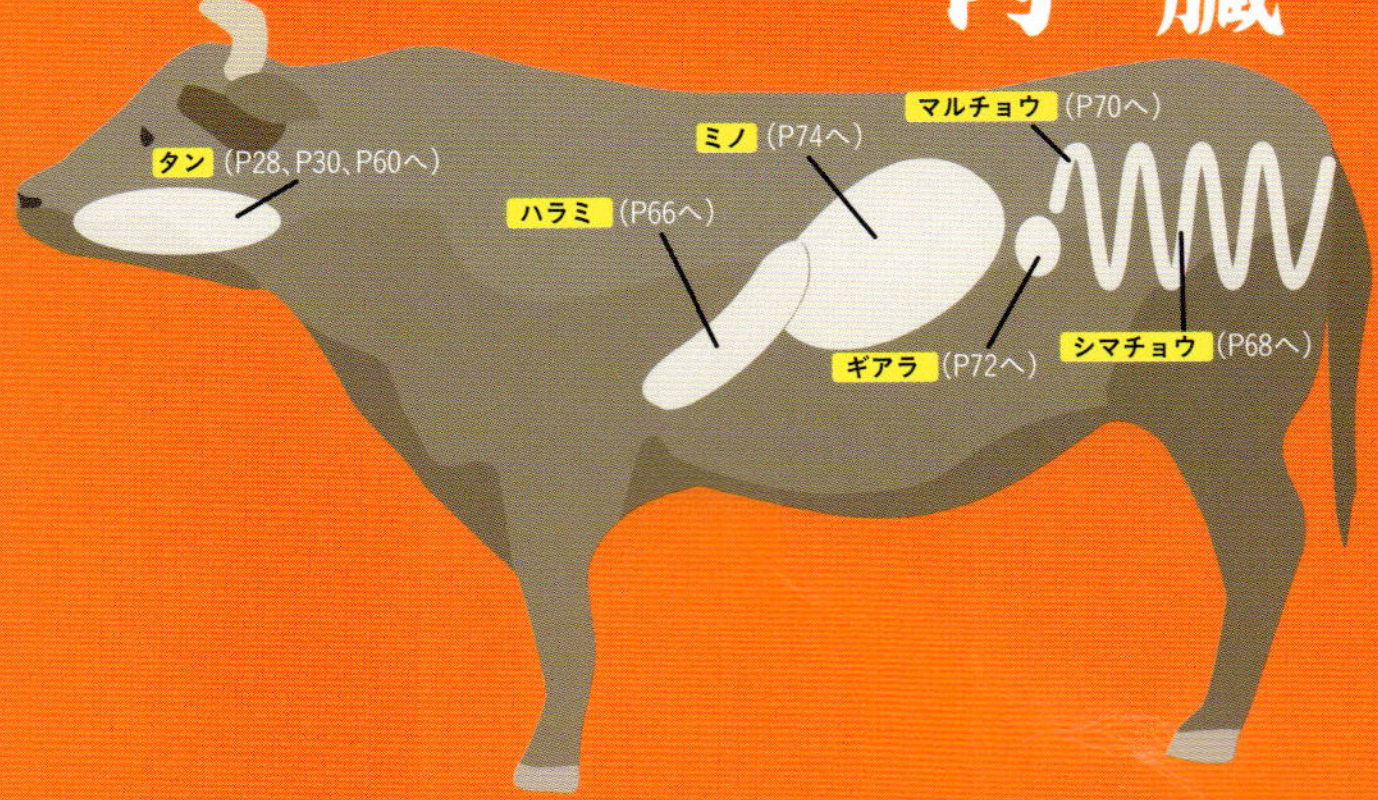

シャクゥ、コリコリ、グニュ。食感を音に例えてもホルモンは多種多彩。枝肉の食用以外は、全てホルモンに入りますが、今回はホルモン界を彩るメジャー部位を焼きます。

※参考：公益社団法人 日本食肉格付協会「牛部分肉取引規格」サイトより。　※赤と霜は主観です。

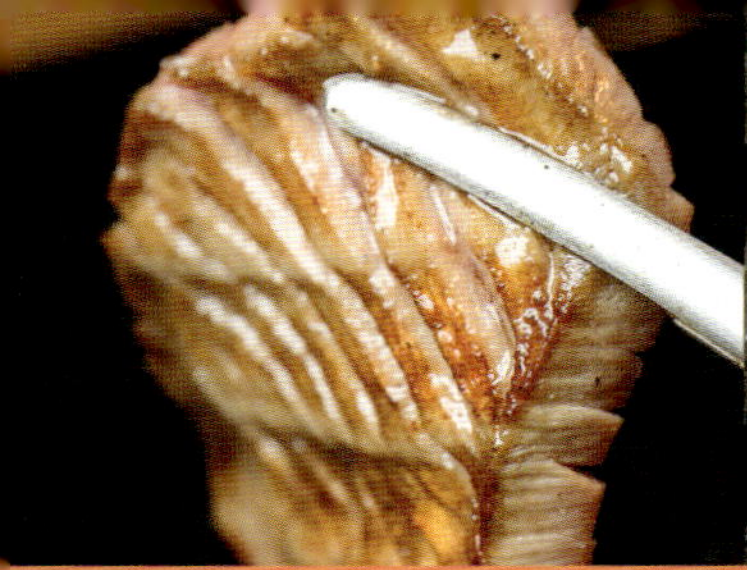

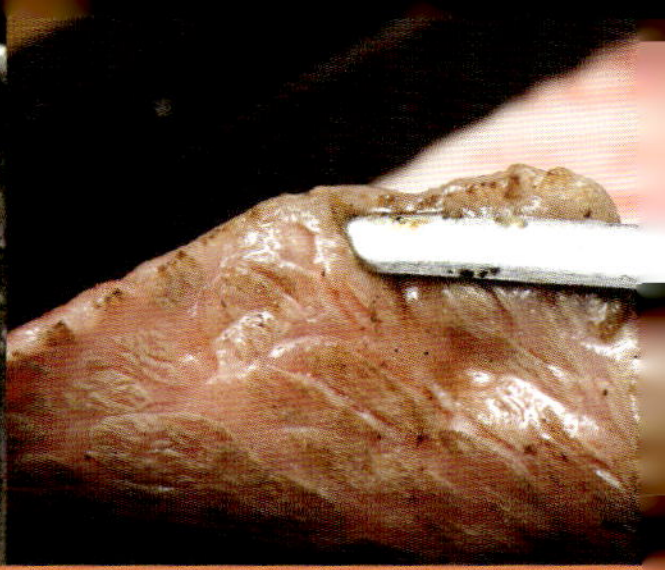

21部位＋
3つのスペシャルな
焼き方

炭火・ガス

部位別
美味しい
焼き方教えます!!

タン、赤身肉、霜降り肉、ハラミにホルモン。
今を時めくスター部位、推し部位、マイナー部位に至るまでを厳選。
オススメの食べる順番で、焼き方の違うガス、
炭火別に部位別の焼き方をご紹介します。

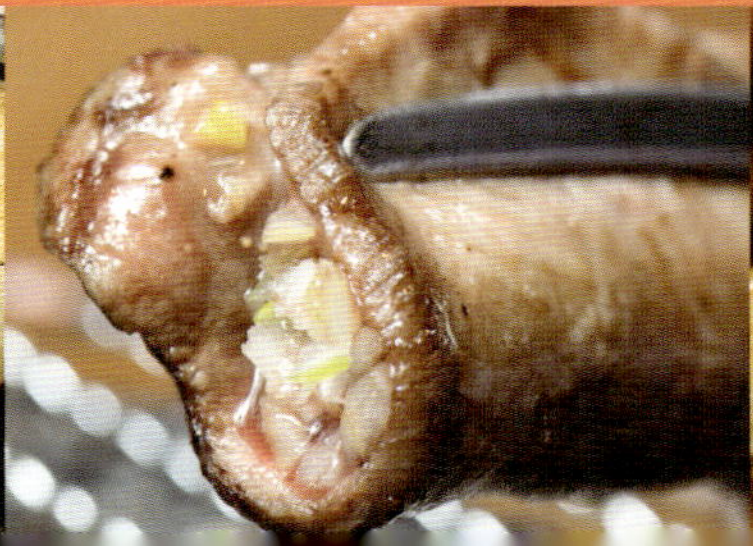

ガスと炭火で、
焼き方は違う！

の読み方・使い方

右ページはガスでの焼き方を紹介しています

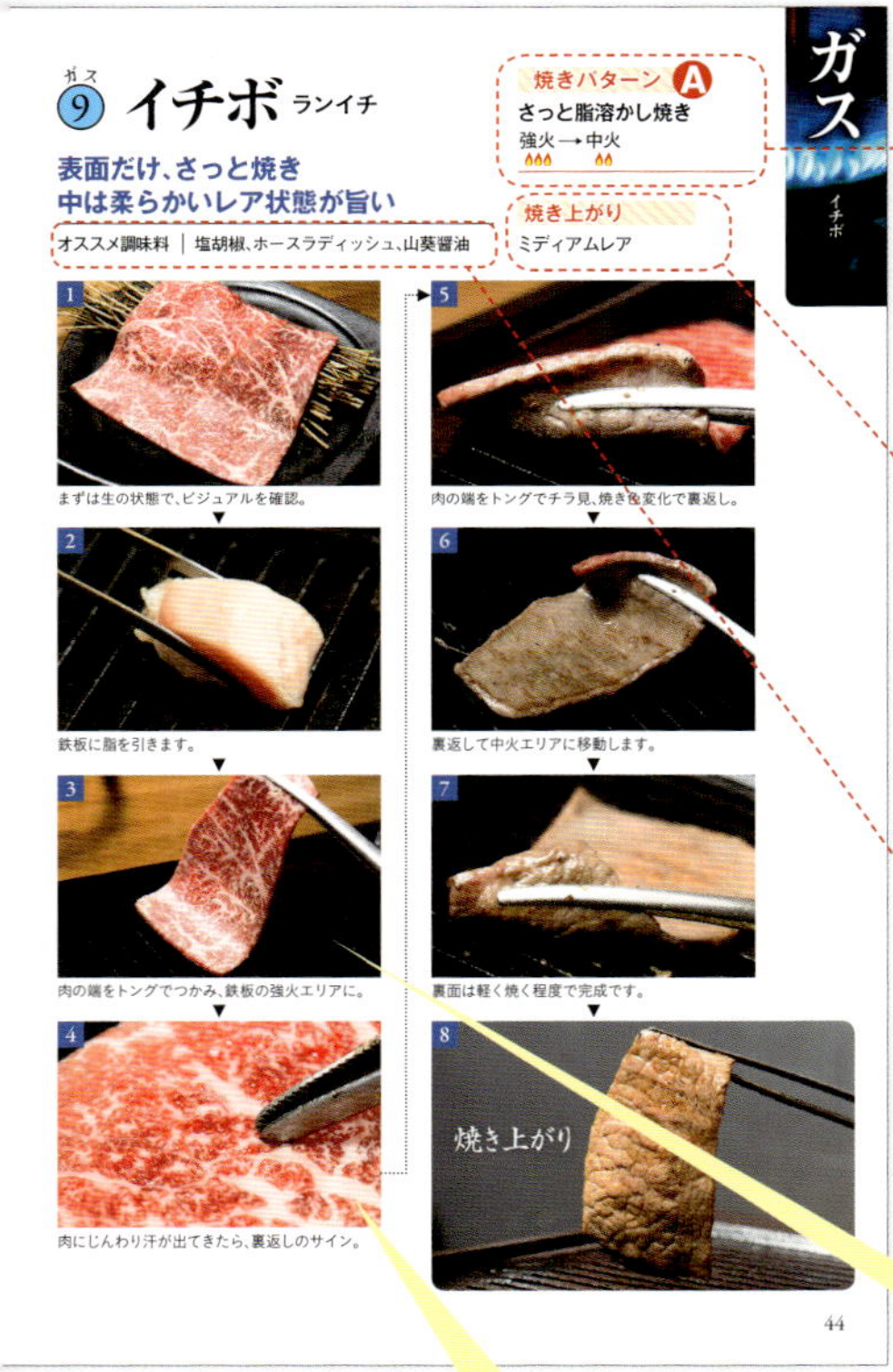
9《ガス》 イチボ ランイチ

表面だけ、さっと焼き
中は柔らかいレア状態が旨い

オススメ調味料 ｜ 塩胡椒、ホースラディッシュ、山葵醤油

焼きパターン A
さっと脂溶かし焼き
強火 → 中火

焼き上がり
ミディアムレア

ガス
イチボ

1 まずは生の状態で、ビジュアルを確認。
2 鉄板に脂を引きます。
3 肉の端をトングでつかみ、鉄板の強火エリアに。
4 肉にじんわり汁が出てきたら、裏返しのサイン。
5 肉の端をトングでチラ見、焼き色変化で裏返し。
6 裏返して中火エリアに移動します。
7 裏面は軽く焼く程度で完成です。
8 焼き上がり

44

3. 焼きパターン

その部位に合う、いちばん美味しく食べられる焼き方を紹介しています。焼きパターンA「さっと脂溶かし焼き」から、焼きパターンJ「巨大肉のまるっと全部焼き」まで10パターンあります。霜降り肉、赤身肉、ホルモンなど、14ページに、焼きパターンを詳しく紹介しています。

4. 焼き上がりのオススメ

いちばん美味しく食べられる焼き上がりを紹介。「レア」から「ミディアムレア」、「ミディアム」、「ミディアムウェル」、「ウェル」まで、今回は分かりやすく5段階を目安にしました。

5. オススメの調味料はコレ！

こんな出会いがあったのか!? という驚きと感動の組み合わせを紹介しています。塩とタレでももちろんいいですが、新しい出会いを楽しんで欲しいです。

直火で焼くのが炭火、
鉄板を熱して
焼くのがガス火！

POINT 2

肉の汁を見逃すな

肉に熱を加えていき、内部温度が65.5度に達すると肉汁が放出されます。蛋白質の1つで水分をたっぷりつかんでいるアクチンが変性し、収縮することで水分を外に絞り出してしまいます。これがいわゆる、肉汁（肉の汗と表現していますが）であり、これが、肉を裏返す時のサインです。

POINT 1

肉の置き場所は、ガスと炭で違う！

焼肉は最初の一手が最重要。肉をどこに置くか。強火エリアなのか、中火エリアなのか。ここを間違えると、あとの工程が台無しです。くれぐれも肉の置き場所を間違えないように！

「21部位+3の美味しい焼き方」

左ページでは炭火での焼き方を紹介しています

1. 21の部位と 3つのスペシャルな焼き方

焼肉店でオーダーする時の名称。本書では、霜降り肉から赤身肉、ホルモンまで21部位+3のスペシャルな焼き方を網羅。

2. 食べて欲しい部位を 順番に紹介

牛は大きく、[まえ][ロイン][モモ][トモバラ]と分けることができ、その分類順に並べることもできたのですが、ここは思い切って、私がオススメする食べ方順でご紹介します。

POINT 3 「トングでチラ見」を マスターする！

肉が焼けたかどうかを判断するのにいちばん簡単な方法が、トングで肉の端をチラ見することです。薄茶色に変化していれば絶好の返し時で、極意『一を聞いて十を知る』ならぬ、『一を見て、十を知る』です。

焼き方 / HOW TO GRILL MEAT

炭火

⑨ イチボ ランイチ

肉肉しい赤身と脂質のスター部位だから、脂を溶かすだけでOK！

オススメ調味料 | 塩胡椒、ホースラディッシュ、山葵醤油

焼きパターン A
ざっと脂溶かし焼き
強火 → 中火

焼き上がり
ミディアムレア

1 まずは生の状態で、ビジュアルを確認。

2 網に脂を○○○

肉の端をトングでつかみ、網の強火エリアに。

5 肉の端をトングでチラ見、焼き色変化で裏返し。

6 裏返して中火エリアに移動します。

7 裏面は軽く焼く程度で完成です。
8 焼き上がり

! 肉の状態は常に一定ではありません。同じ部位でも微妙なサイズの大小、厚さ、霜降りの加減により、変化します。あくまでも参考書としてご活用ください。※店舗によって、炭火も炭と網の距離が一定ではありません。数ミリでも違うと前提が崩れます。

ガスと炭火では焼き方が違います。焼く前に把握して欲しいのが、肉を直火で焼くのが炭火、鉄板を熱して肉を焼くのがガス火です。強火、中火、弱火の位置も違いますので、頭に入れながら焼きに入りましょう。

解説ページで見るべきところは、強火、中火、弱火の焼き台の肉の置き場所と、焼き始めてから次のアクションの肉の汗の確認、トングでのチラ見です。まずは自分で試して、トングのチラ見は早々にマスターして頂きたい。

食べ進めよう！

オススメ 1

正統派！ 20代はこの順番!! 「スタンダード」

グループA
ファーストオーダー
❶ 薄切りタン
❷ 厚切りタン

➡

グループB
赤味肉の味を堪能し、霜降りに繋がるオーダー
❸ クリミ
❹ ウチモモ
❺ ナカニク
❻ ランプ
❼ ヒレ
❽ カイノミ

➡

グループC
霜降り量が増えていくようなオーダー
❾ イチボ
❿ トモサンカク
⓫ ザブトン
⓬ ミスジ
⓭ ササバラ
⓮ サーロイン
⓯ 三角バラ
⓰ リブ芯

➡

グループD
焼き方、変わり種で変化球オーダー
⓱ ネギタン塩
⓲ 並カルビタレ
⓳ ザブトンローリング巻き巻き
⓴ ハラミ

➡

グループE
ホルモンで〆るオーダー
㉑ シマチョウ
㉒ マルチョウ
㉓ ギアラ
㉔ ミノ

20代、40代、通の食べ順教えます！

肉の味の薄さ→濃さ 脂の少なさ→多さの順で

牛は大きく、「まえ」「ロイン」「モモ」「トモバラ」と分類でき、そのまま並べることもできましたが、ここは、私がオススメする食べ方順でご紹介します。全て塩味が前提です。

まずは、タン。味がタンパクで、食感が楽しめる部位なので、味の濃い肉や脂過多の肉の後で食べると、確実に味の印象が薄れます。ファーストオーダーには最適でしょう。

問題はここからです。霜降りの入ったお肉を選ぶのか、赤身肉を選ぶのか？ または他の肉を選ぶのか？ 考慮すべきは、「肉の味の薄さ→濃さ」、「脂の少なさ→多さ」が味の馴染みやすさになり、食べやすさになります。そこで、一つ目にオススメするのが、「スタンダード」。①タン→②赤身肉→③霜降り肉→④焼き方、変わり種→⑤ホルモンがセオリーで、本書ではこの順番で紹介しています。

「21部位+3」は、この順番で

オススメ2　40代以上は、この順番!!「マスター」

グループA
ファーストオーダー
- ❶ 薄切りタン
- ❷ 厚切りタン

→

グループC
霜降り量が減少していくようなオーダー
- ⓰ リブ芯
- ⓯ 三角バラ
- ⓮ サーロイン
- ⓭ ササバラ
- ⓬ ミスジ
- ⓫ ザブトン
- ❿ トモサンカク
- ❾ イチボ

→

グループB
赤味肉の味を堪能できる後半。霜降り量少なめオーダー
- ❽ カイノミ
- ❼ ヒレ
- ❻ ランプ
- ❺ ナカニク
- ❹ ウチモモ
- ❸ クリミ

↓

グループD、Eへ

オススメ3　食感、味の濃さ、脂の甘さを楽しむ！「焼肉通」

グループA
ファーストオーダー
- ❶ 薄切りタン
- ❷ 厚切りタン

→

グループB グループC のMIX
赤身と霜降りを交互にオーダー
- ❸ クリミ（赤）
- ❾ イチボ（霜）
- ❹ ウチモモ（赤）
- ❿ トモサンカク（霜）
- ❺ ナカニク（赤）
- ⓫ ザブトン（霜）
- ❻ ランプ（赤）
- ⓬ ミスジ（霜）
- ❼ ヒレ（赤）
- ⓭ ササバラ（霜）
- ❽ カイノミ（赤）
- ⓮ サーロイン（霜）
- ⓯ 三角バラ（霜）
- ⓰ リブ芯（霜）

↓

グループD、Eへ

40代以上、通はこの食べ順！

　一方で、私を含め、40代以上は後半に霜降り肉が連続すると厳しいので、2つ目の食べ方「マスター」を推奨します。下記、グループBとCの食べる順番を入れ替えます。グループAの次に食べるのは、グループCの16.リブ芯→9.イチボまで。次にグループBの8.カイノミ→3.クリミまで。霜降り肉→赤身肉へ「スタンダード」と逆の食べ方です。こうすれば、最初ガツンと霜降り肉を味わい、後半、赤身肉でさっぱりと食べられるので、年配の方も食べやすくなります。

　3つ目は、食感、味の濃さ、脂の甘さの違いを楽しむ「通」の食べ方です。グループBとCを交互に食べていきます。3.クリミ→9.イチボ→4.ウチモモ→10.トモサンカク→5.ナカニク→11.ザブトン。このように交互に食べ進めれば、肉をただ焼いて食べるより、違いを楽しめる「通」の食べ方です。

※部位の霜降り具合は、個体差があります。

1《ガス》 薄切りタン 内臓

じんわり汗が裏返しのサイン！
裏面は軽く焼く程度に

オスススメ調味料 ｜ カボス、辛子醤油、塩コンブ、レモン

焼きパターン A
さっと脂溶かし焼き
強火 → 中火

焼き上がり
ミディアムレア

1

まずは生の状態で、ビジュアルを確認。

2

鉄板に脂を引きます。

3

肉の端をトングでつかみ、鉄板の強火エリアに。

4

肉にじんわり汗が出てきたら、裏返しのサイン。

5

肉の端をトングでチラ見、焼き色変化で裏返し。

6

裏返して中火エリアに移動します。

7

裏面は軽く焼く程度で完成です。

8

炭火

薄切りタン

炭火① 薄切りタン 内臓

焼き過ぎ厳禁！ 裏返し後の中火エリアを確認しよう

オススメ調味料 ｜ カボス、辛子醤油、塩コンブ、レモン

焼きパターン Ａ
さっと脂溶かし焼き
強火 → 中火

焼き上がり
ミディアムレア

焼き方 — HOW TO GRILL MEAT

1　まずは生の状態で、ビジュアルを確認。
▼

2　網に脂を引きます。
▼

3　肉の端をトングでつかみ、網の強火エリアに。
▼

4　肉にじんわり汗が出てきたら、裏返しのサイン。

5　肉の端をトングでチラ見、焼き色変化で裏返し。

6　裏返して中火エリアに移動します。

7　裏面は軽く焼く程度で完成です。

8　焼き上がり

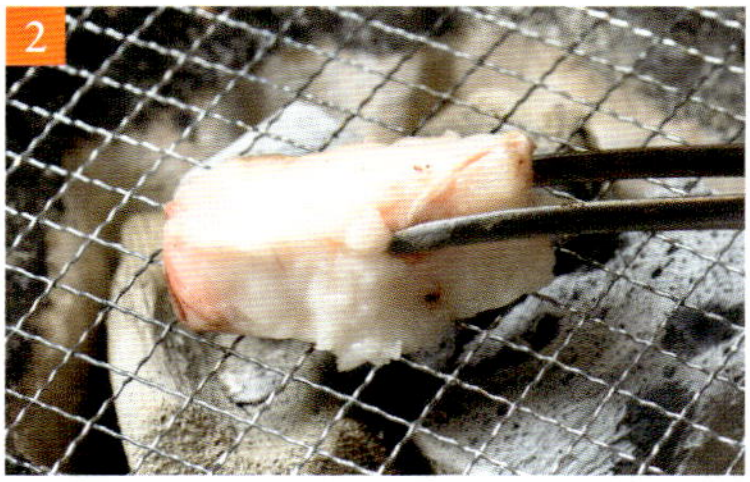

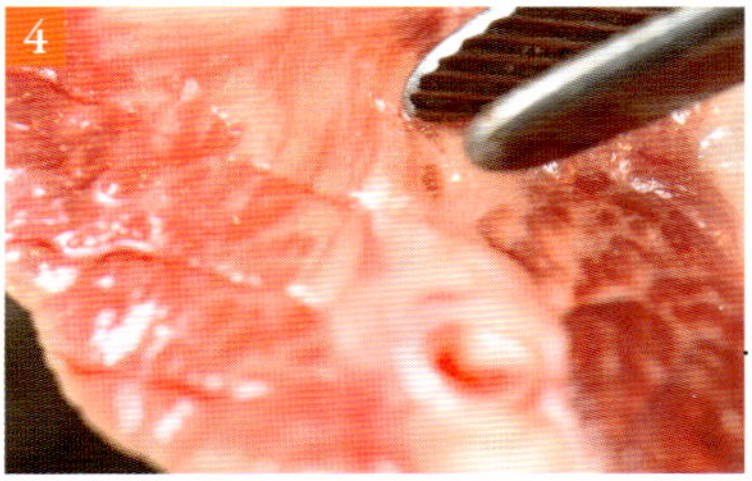

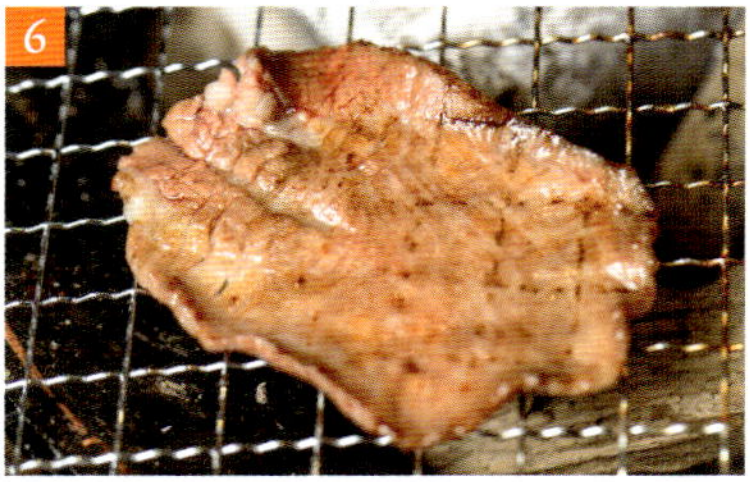

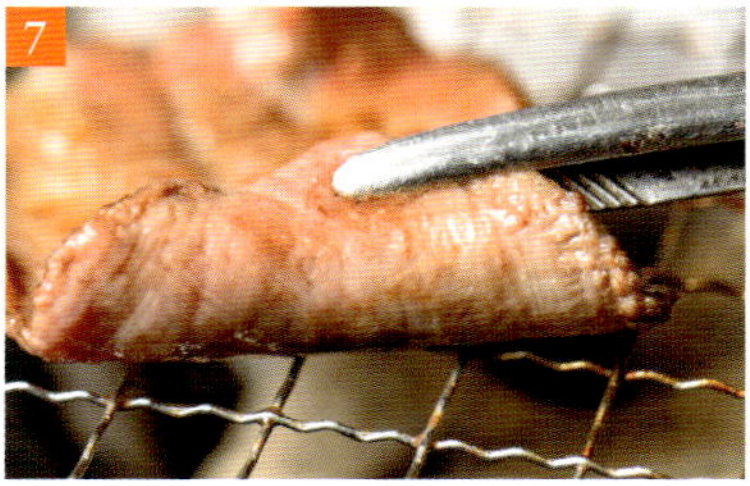

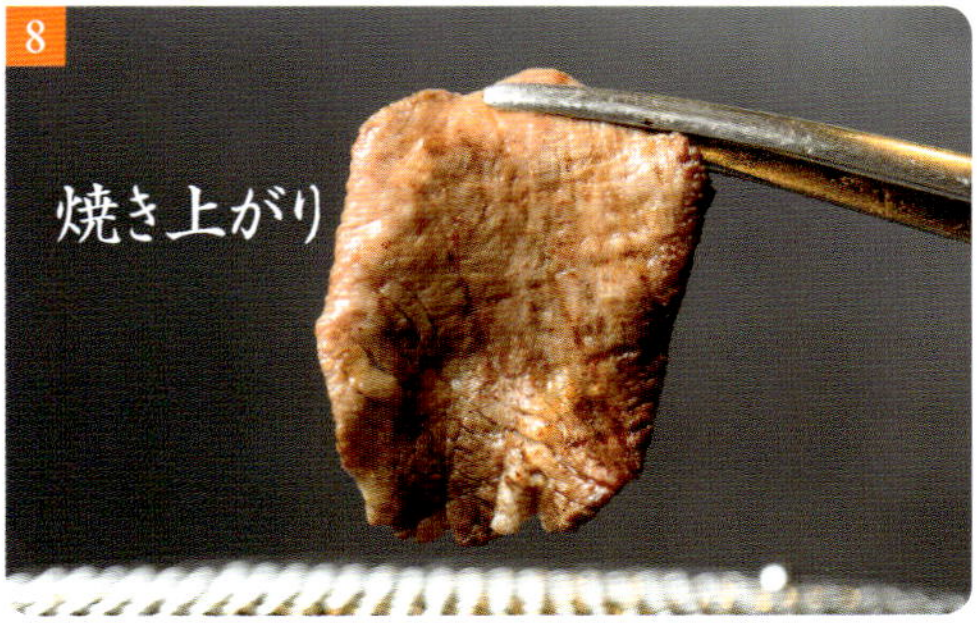

2《ガス》 厚切りタン 内臓

焼きパターン D

網目しっかり焼き

強火 → 中火

焼き上がり

ミディアムウェル

厚さ1cmの側面は焼いてはいけない。網目はしっかり、中心まで火入れする

オススメ調味料 | カボス、辛子醤油、塩コンブ、レモン

まずは生の状態で、ビジュアルを確認。

▼

鉄板に脂を引きます。

▼

肉の端をトングでつかみ、鉄板の強火エリアに。

▼

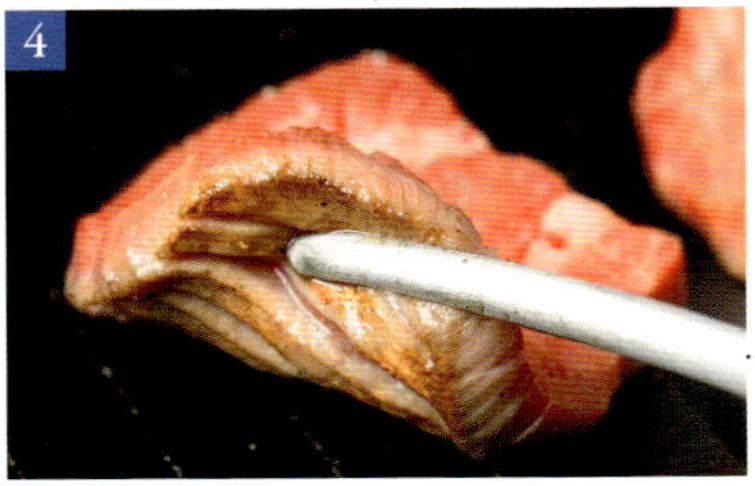

側面の焼き色が1/3変わったら、裏返しのサイン。

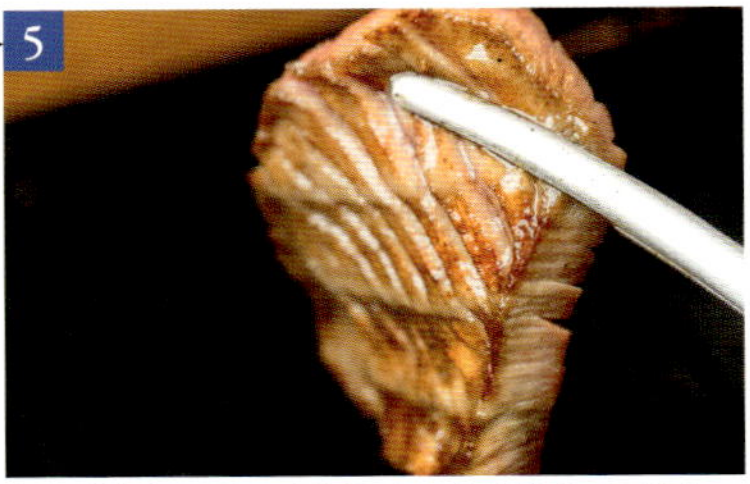

肉の端をトングでチラ見、しっかり焼きで裏返し。

▼

裏返して中火エリアに移動します。

▼

網目がしっかり付くように焼き上げます。

▼

炭火② 厚切りタン 内臓

焼きパターン D
網目しっかり焼き
中火 → 中火

焼き上がり
ミディアムウェル

炭火は側面の焼き色が1/3程しっかり色づいたら裏返す。複数返し可

オススメ調味料 ｜ カボス、辛子醤油、塩コンブ、レモン

焼き方 | HOW TO GRILL MEAT

1 まずは生の状態で、ビジュアルを確認。

2 網に脂を引きます。

3 肉の端をトングでつかみ、網の中火エリアに。

4 側面の焼き色が1/3変わったら、裏返しのサイン。

5 肉の端をトングでチラ見、しっかり焼きで裏返し。

6 裏返して中火エリアに置きます。

7 網目がしっかり付くように焼き上げます。

8 焼き上がり

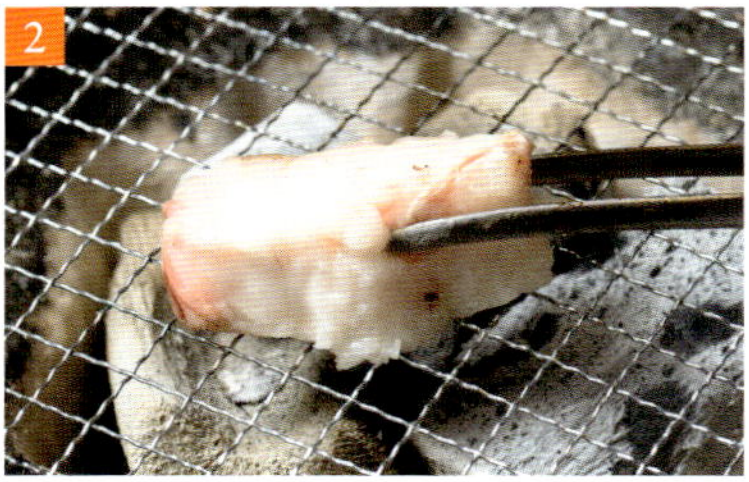

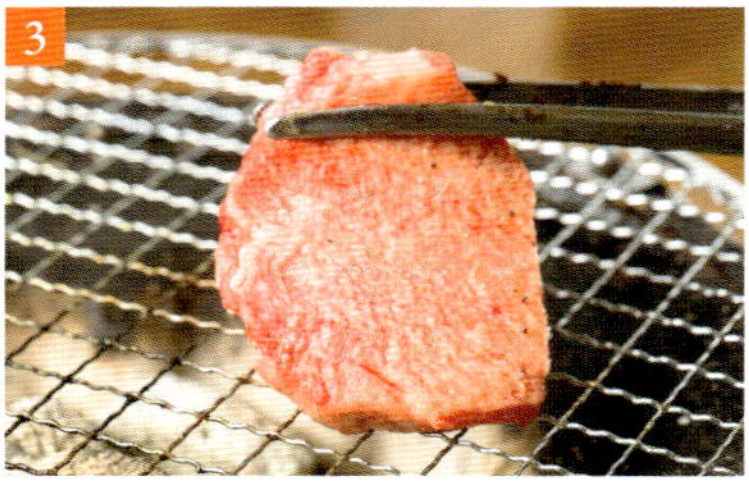

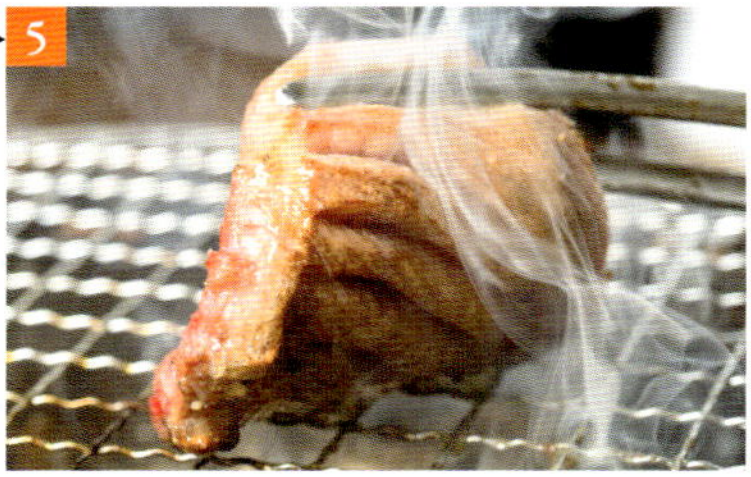

ガス ③ クリミ 肩（腕）
（肩サンカク）

焼き目とピンク色のコラボが ベストな焼き上がり

オススメ調味料 ｜ 実山椒の醤油漬け、山葵醤油、塩

焼きパターン Ⓒ

さらっと肉焼き

中火→中火

焼き上がり

ミディアムレア

まずは生の状態で、ビジュアルを確認。

▼

鉄板に脂を引きます。

▼

肉の端をトングでつかみ、鉄板の中火エリアに。

▼

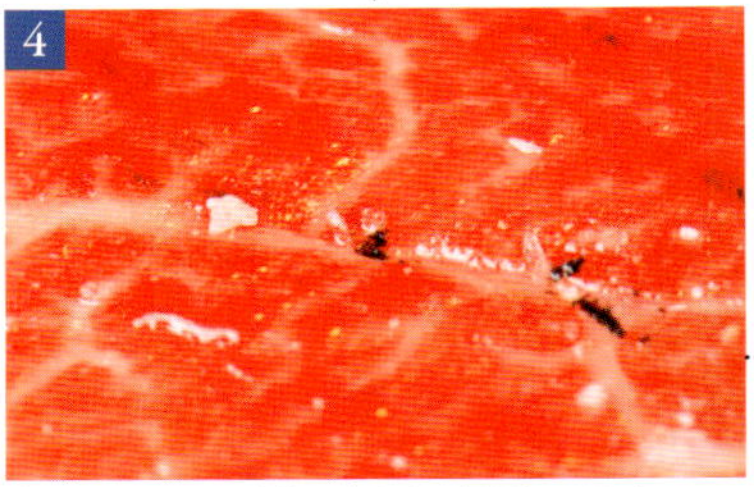

肉にじんわり汗が出てきたら、裏返しのサイン。

肉の端をトングでチラ見、焼き色変化で裏返し。

▼

裏返して中火エリアに置きます。

▼

裏面は軽く焼く程度で完成です。

▼

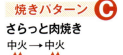

炭火
（クリミ（肩サンカク））

炭火 ③ クリミ 肩(腕)
（肩サンカク）

焼き上がるまで絶対中火！
赤身が強いクリミは特に強火を嫌う

オススメ調味料 ｜ 実山椒の醤油漬け、山葵醤油、塩

焼きパターン C
さらっと肉焼き
中火 → 中火

焼き上がり
ミディアムレア

焼き方 │ HOW TO GRILL MEAT

1 まずは生の状態で、ビジュアルを確認。

2 網に脂を引きます。

3 肉の端をトングでつかみ、網の中火エリアに。

4 肉にじんわり汗が出てきたら、裏返しのサイン。

5 肉の端をトングでチラ見、焼き色変化で裏返し。

6 裏返して中火エリアに置きます。

7 裏面は軽く焼く程度で完成です。

8 焼き上がり

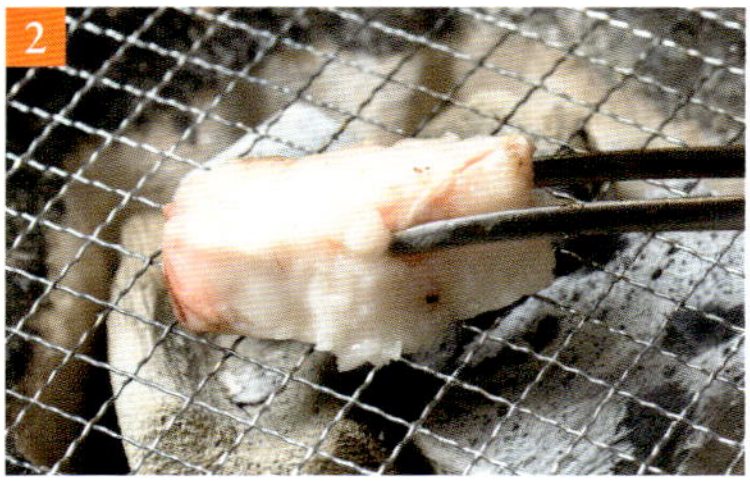

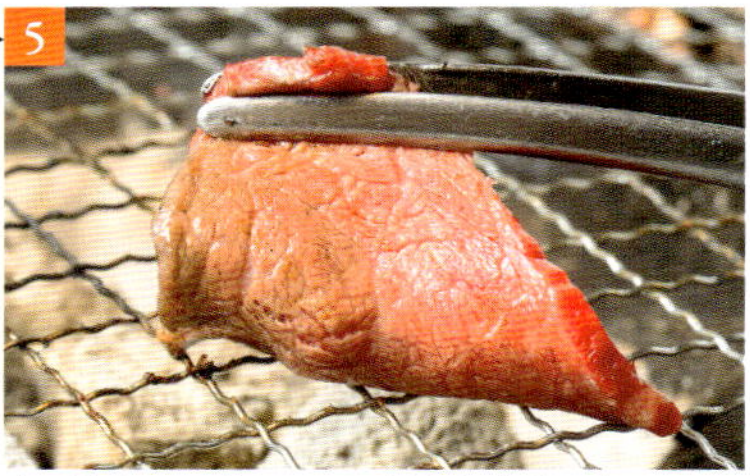

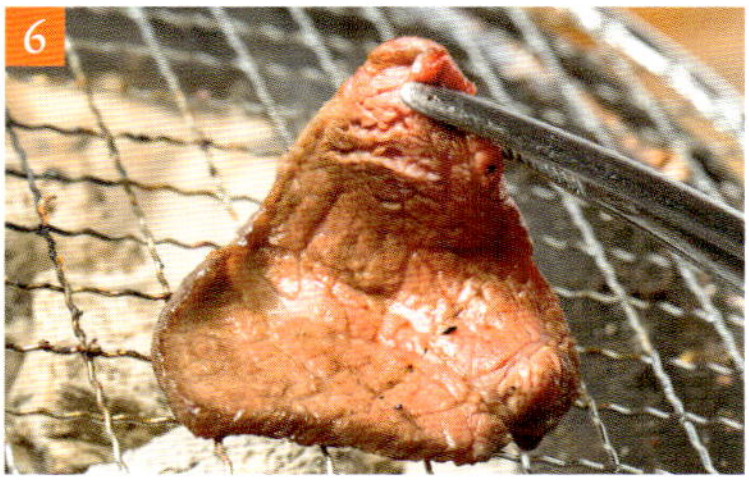

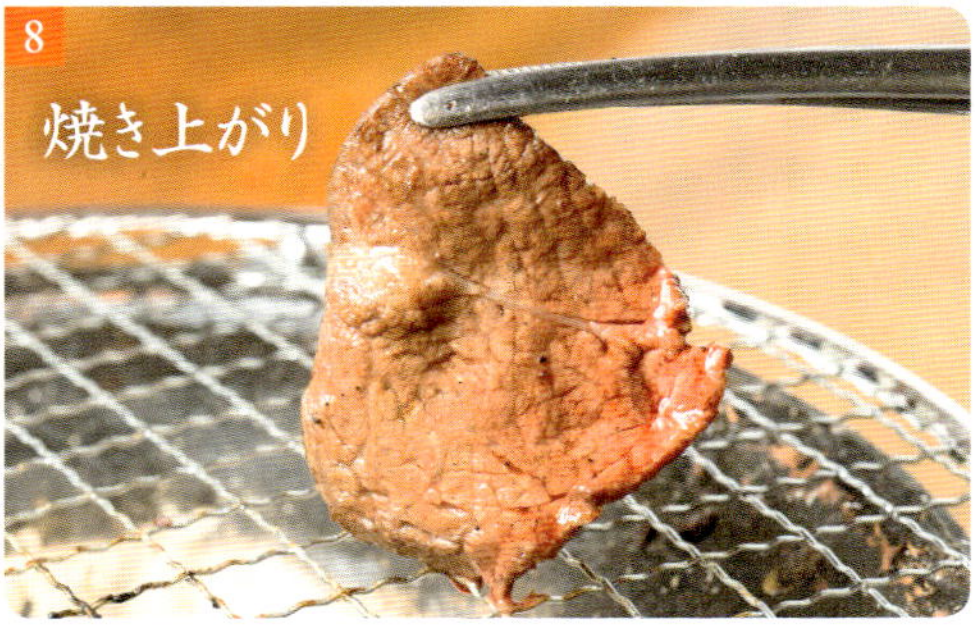

4《ガス》 ウチモモ ウチモモ

脂肪分の少なさはトップクラス！ さっと焼いてヘルシーに味わう

オススメ調味料 ｜ ホースラディッシュ、塩、山葵醤油

焼きパターン C

さらっと肉焼き

中火 → 中火

焼き上がり

ミディアムレア

まずは生の状態で、ビジュアルを確認。

▼

鉄板に脂を引きます。

▼

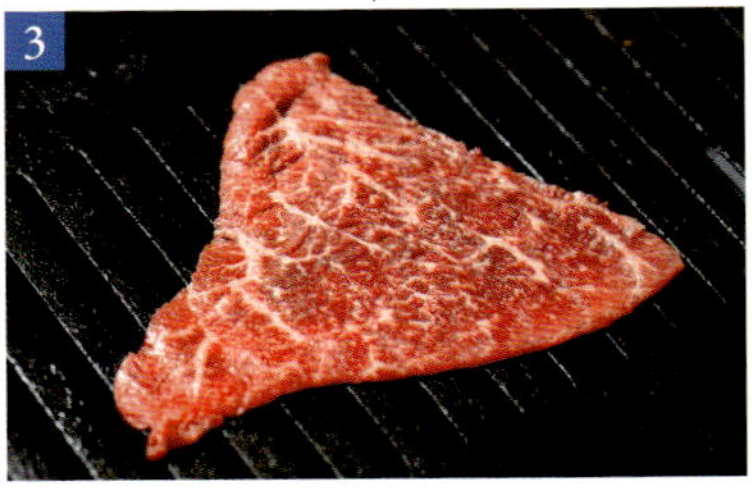

鉄板の中火エリアに置きます。

▼

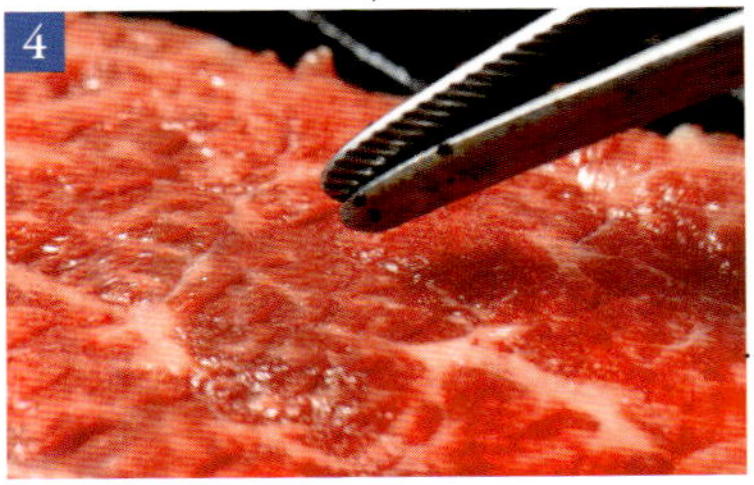

肉にじんわり汗が出てきたら、裏返しのサイン。

肉の端をトングでチラ見、焼き色変化で裏返し。

▼

裏返して中火エリアに置きます。

▼

裏面もトングでチラ見、焼き色変化で裏返します。

▼

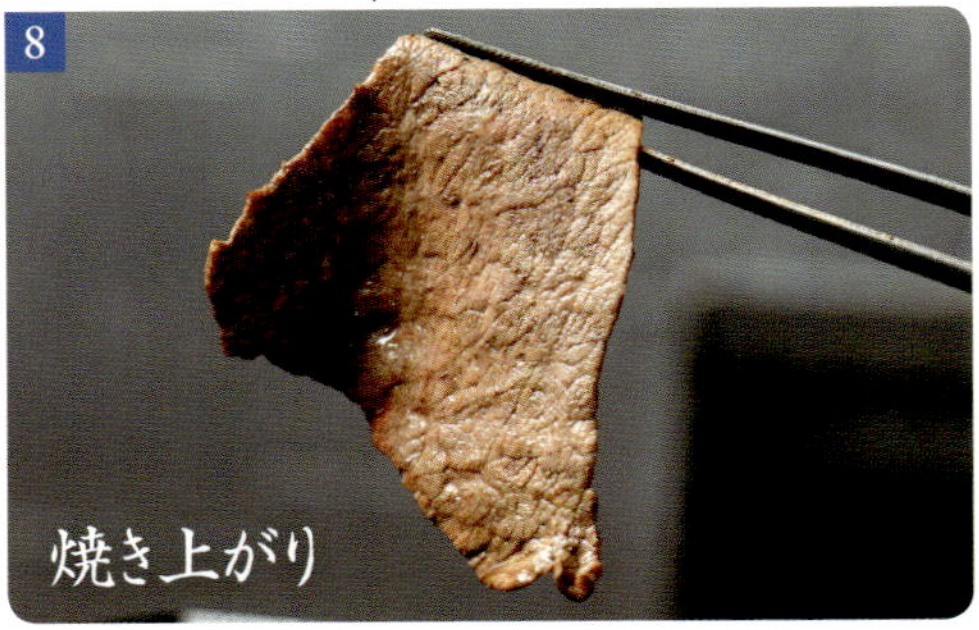

炭火 ④ ウチモモ ウチモモ

焼きは赤身感を残しつつ、肉の弾力を存分に楽しむ

オススメ調味料 │ ホースラディッシュ、塩、山葵醤油

焼きパターン C
さらっと肉焼き
中火 → 中火

焼き上がり
ミディアムレア

1 まずは生の状態で、ビジュアルを確認。

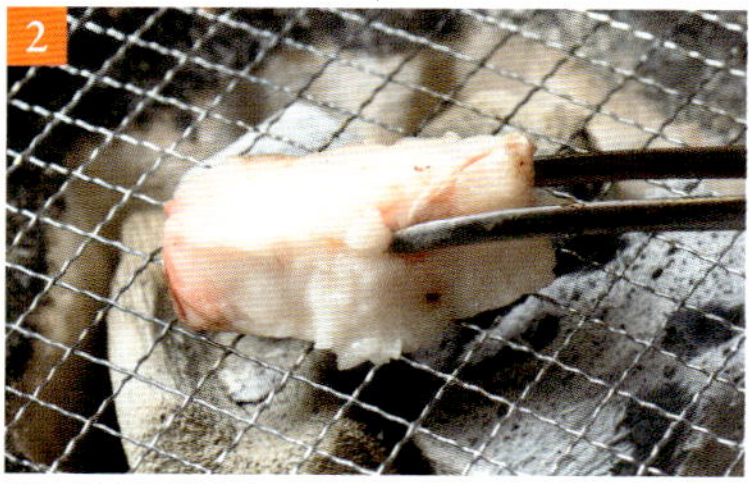

5 肉の端をトングでチラ見、焼き色変化で裏返し。

2 網に脂を引きます。

6 裏返して中火エリアに置きます。

3 網の中火エリアに置きます。

7 裏面もトングでチラ見、焼き色変化で裏返します。

4 肉にじんわり汗が出てきたら、裏返しのサイン。

8 焼き上がり

焼き方 / HOW TO GRILL MEAT

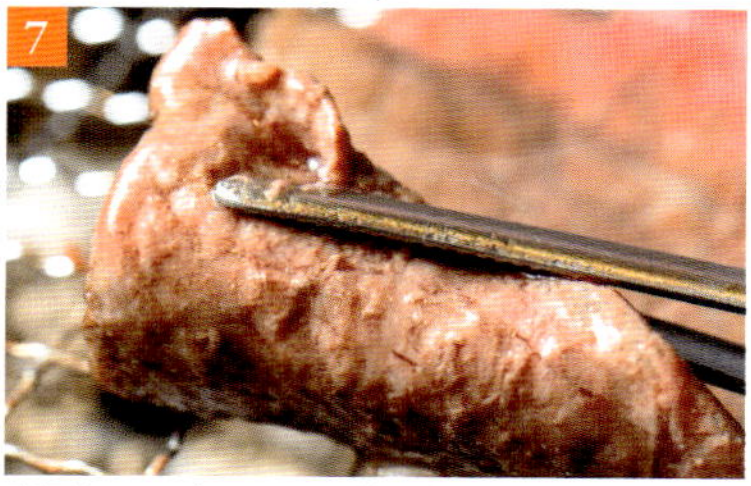

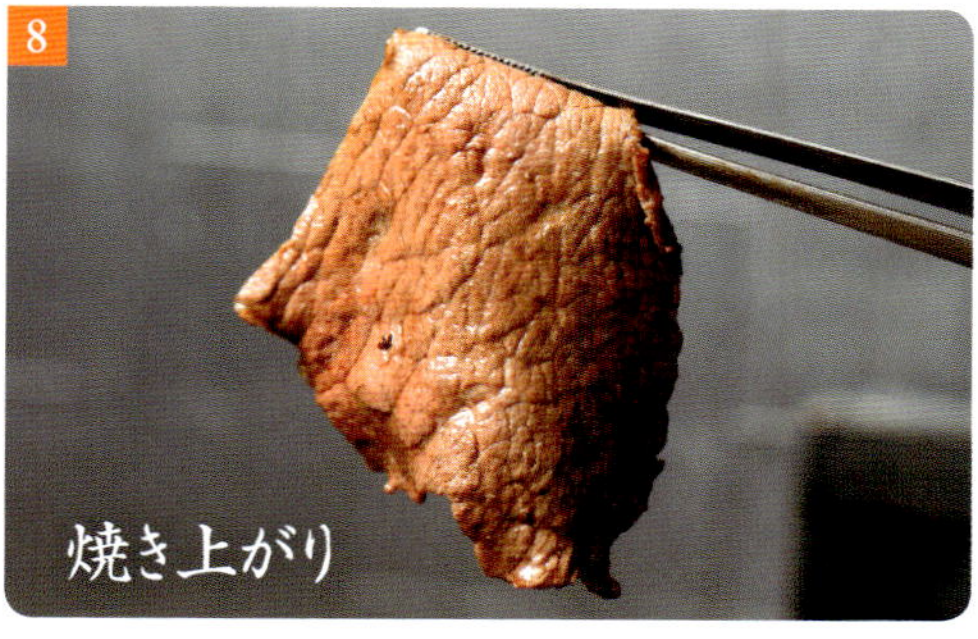

5《ガス》 ナカニク ソトモモ

赤身肉でヘルシー！
さらっと焼くと歯切れもいい

オススメ調味料 ｜ ホースラディッシュ、塩、山葵醤油

焼きパターン C

さらっと肉焼き

中火 → 中火

焼き上がり

ミディアムレア

1 まずは生の状態で、ビジュアルを確認。

▼

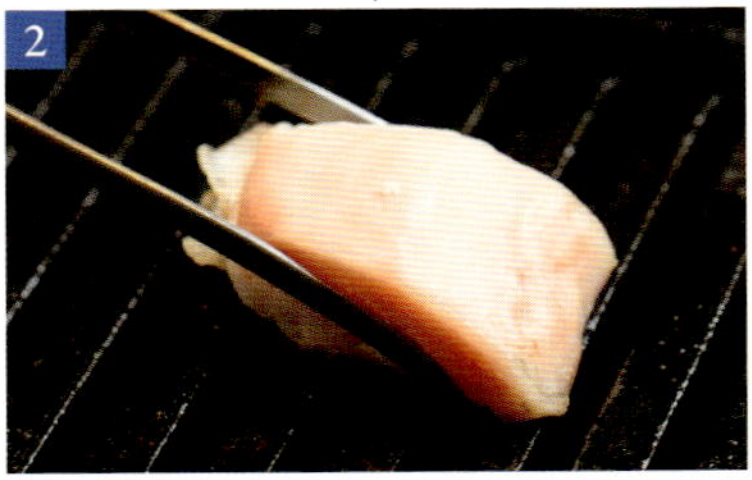

2 鉄板に脂を引きます。

▼

3 肉の端をトングでつかみ、鉄板の中火エリアに。

▼

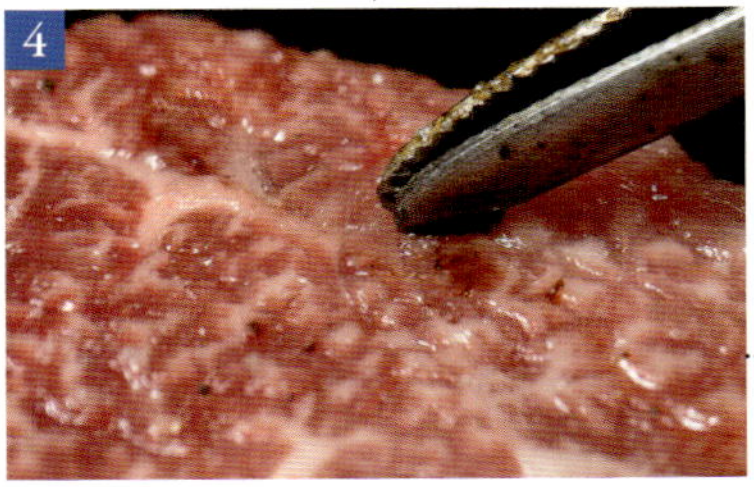

4 肉にじんわり汁が出てきたら、裏返しのサイン。

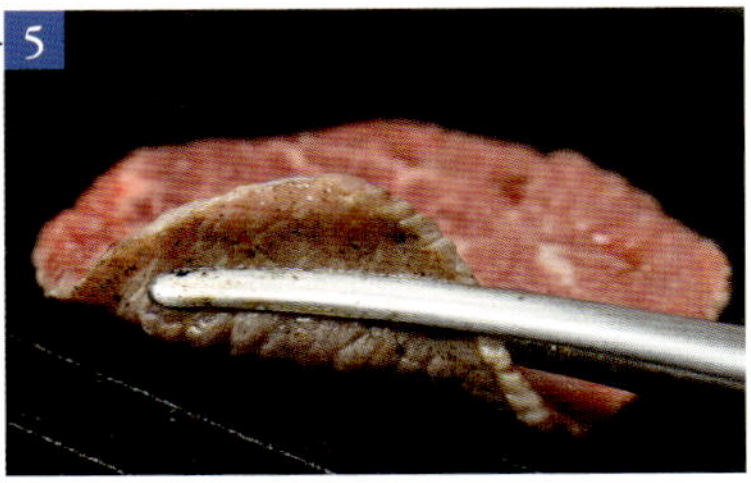

5 肉の端をトングでチラ見、焼き色変化で裏返し。

▼

6 裏返して中火エリアに置きます。

▼

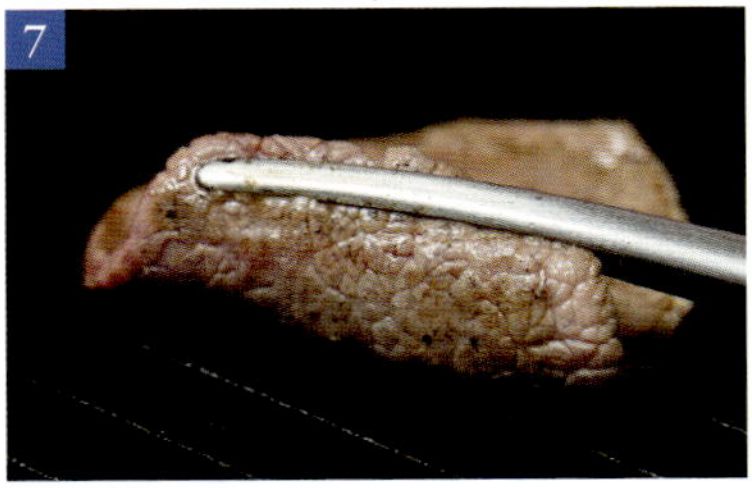

7 裏面は軽く焼く程度で完成です。

▼

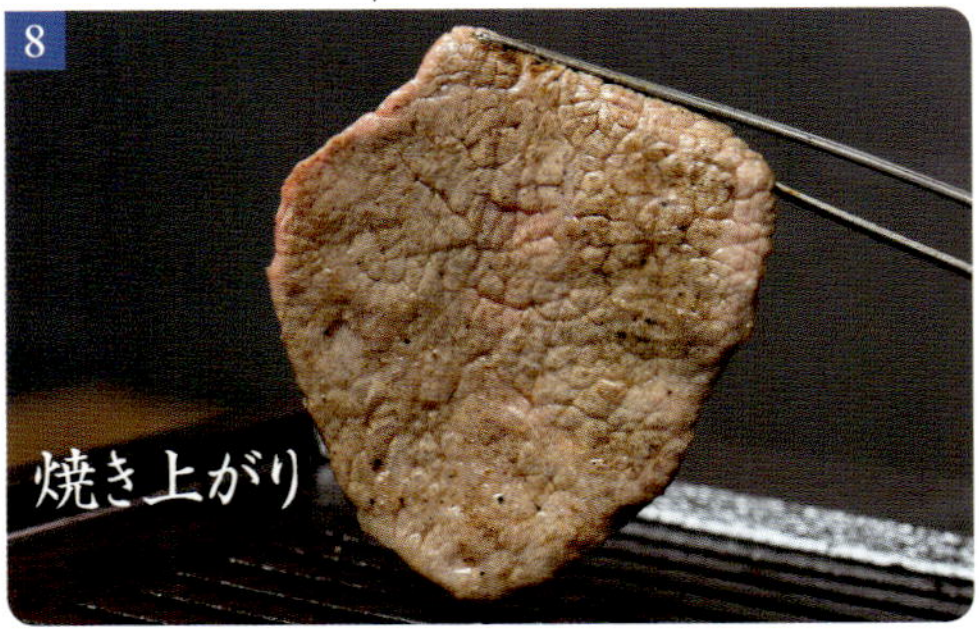

8

炭火 5

ナカニク ソトモモ

肉を置く位置に注意する！焼き上がりの柔らかさが断然違う

オススメ調味料 ｜ ホースラディッシュ、塩、山葵醤油

焼きパターン C

さらっと肉焼き

中火 → 中火

焼き上がり

ミディアムレア

1 まずは生の状態で、ビジュアルを確認。

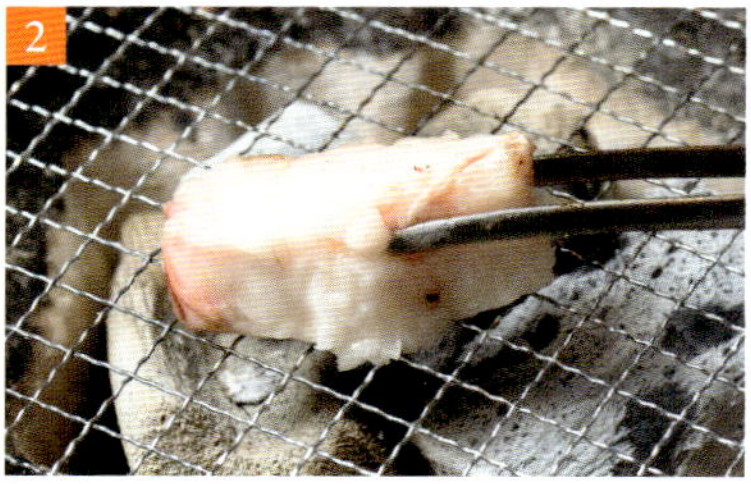

2 網に脂を引きます。

3 肉の端をトングでつかみ、網の中火エリアに。

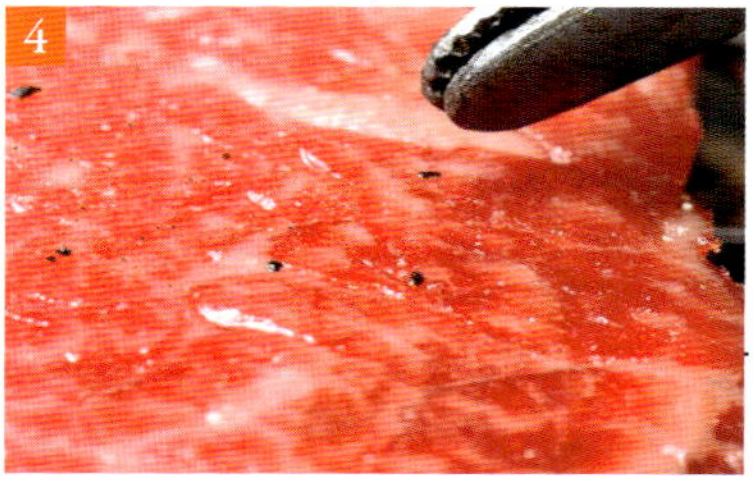

4 肉にじんわり汗が出てきたら、裏返しのサイン。

5 肉の端をトングでチラ見、焼き色変化で裏返し。

6 裏返して中火エリアに置きます。

7 裏面は軽く焼く程度で完成です。

8

ガス ⑥ ランプ ランイチ

赤身好きにはたまらないスター部位！ミディアムレアに焼き上げたい

オススメ調味料 ｜ ホースラディイッシュ、山葵醤油

焼きパターン C

さらっと肉焼き

中火 → 中火

焼き上がり

ミディアムレア

1 まずは生の状態で、ビジュアルを確認。

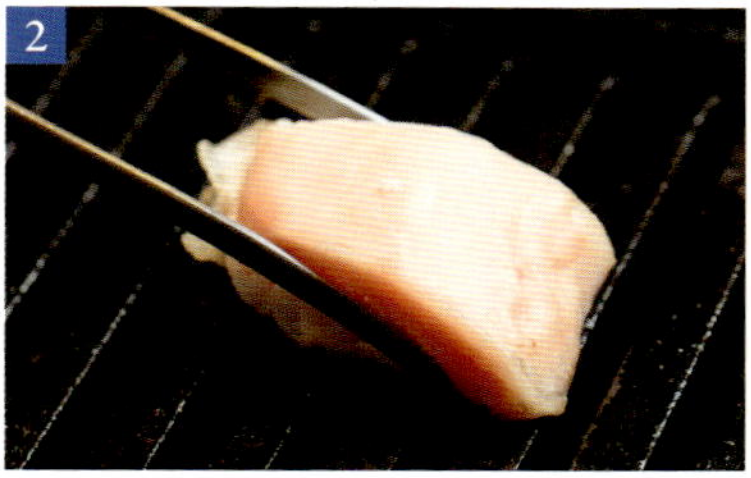

2 鉄板に脂を引きます。

3 肉の端をトングでつかみ、鉄板の中火エリアに。

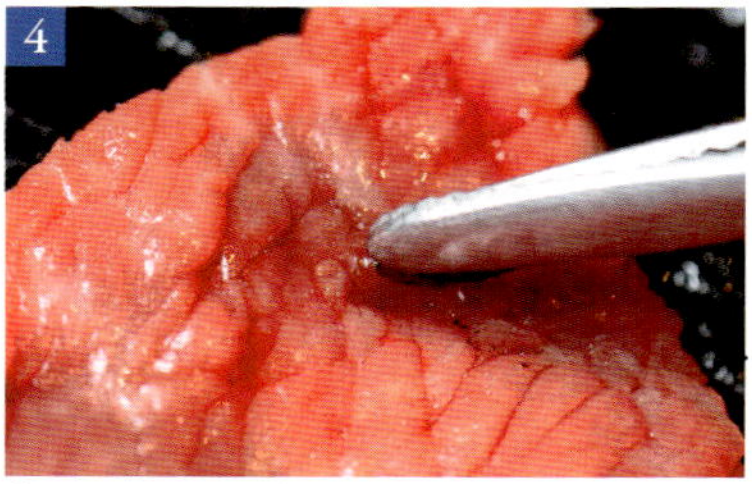

4 肉にじんわり汗が出てきたら、裏返しのサイン。

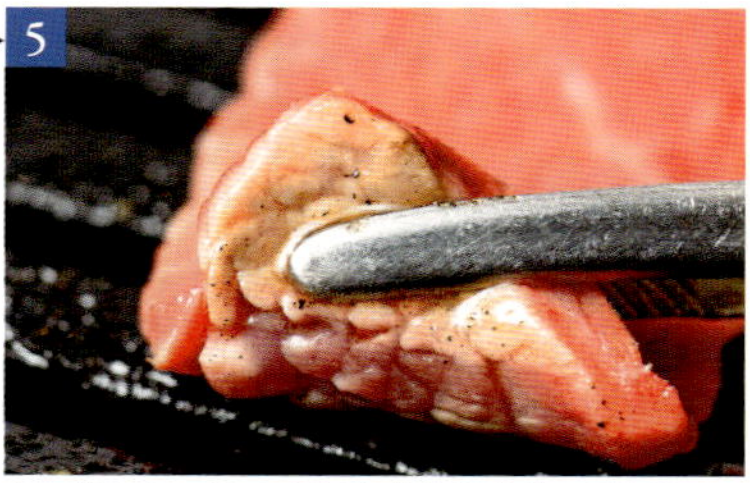

5 肉の端をトングでチラ見、焼き色変化で裏返し。

6 裏返して中火エリアに置きます。

7 裏面は軽く焼く程度で完成です。

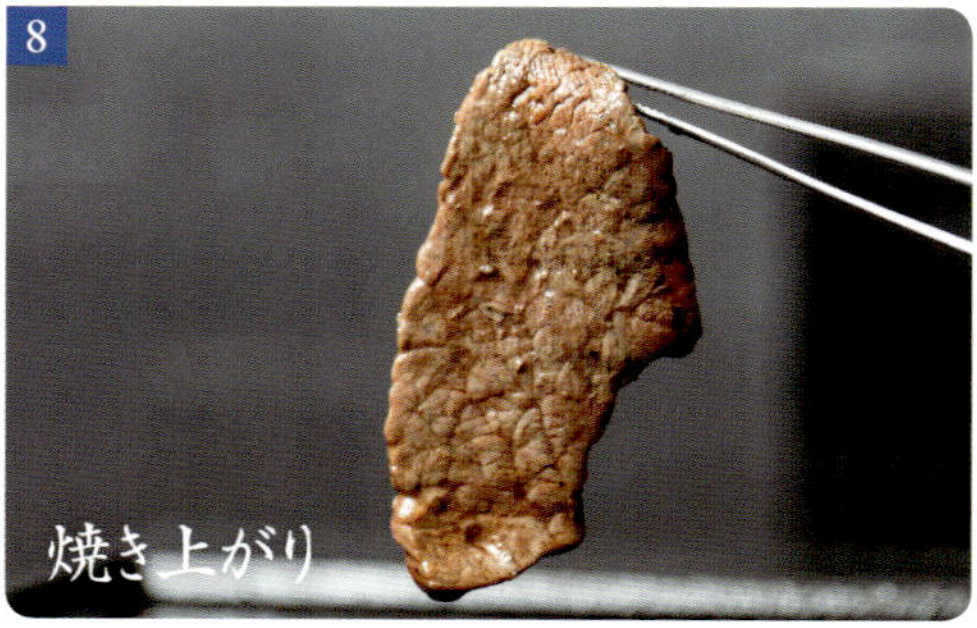

8

炭火 ⑥ ランプ ランイチ

適度なサシとモモ肉の赤身を損なわないよう、早めのチラ見で

オススメ調味料 ｜ ホースラデイッシュ、山葵醤油

焼きパターン C
さらっと肉焼き
中火 → 中火

焼き上がり
ミディアムレア

焼き方 | HOW TO GRILL MEAT

1. まずは生の状態で、ビジュアルを確認。

5. 肉の端をトングでチラ見、焼き色変化で裏返し

2. 網に脂を引きます。

6. 裏返して中火エリアに置きます。

3. 肉の端をトングでつかみ、網の中火エリアに。

7. 裏面は軽く焼く程度で完成です。

4. 肉にじんわり汗が出てきたら、裏返しのサイン。

8. 焼き上がり

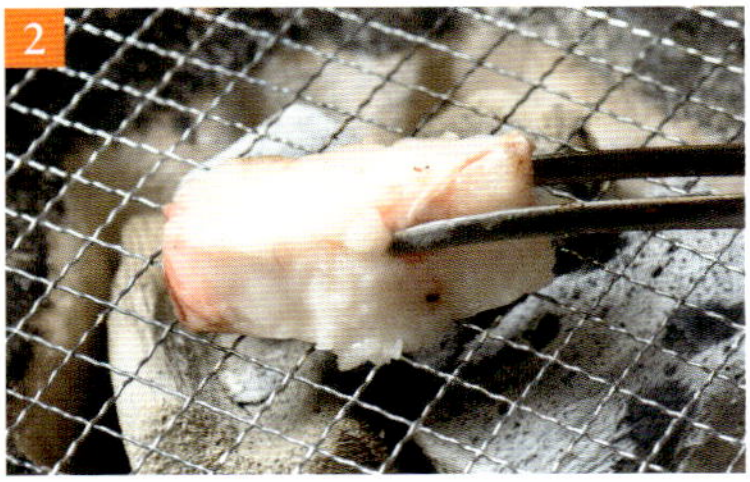

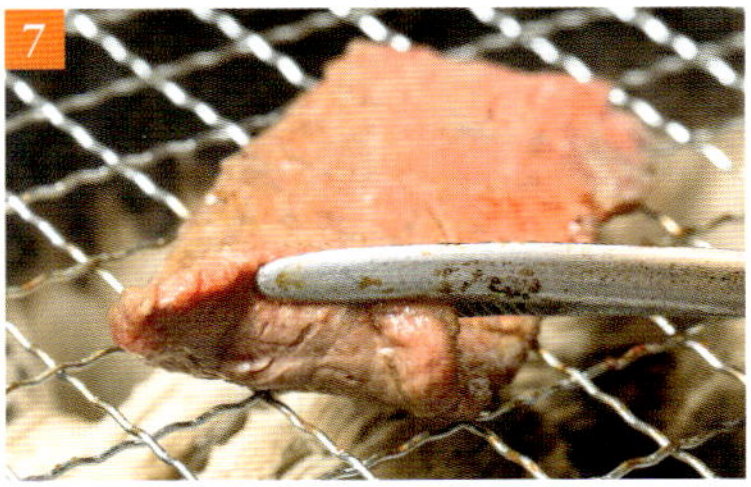

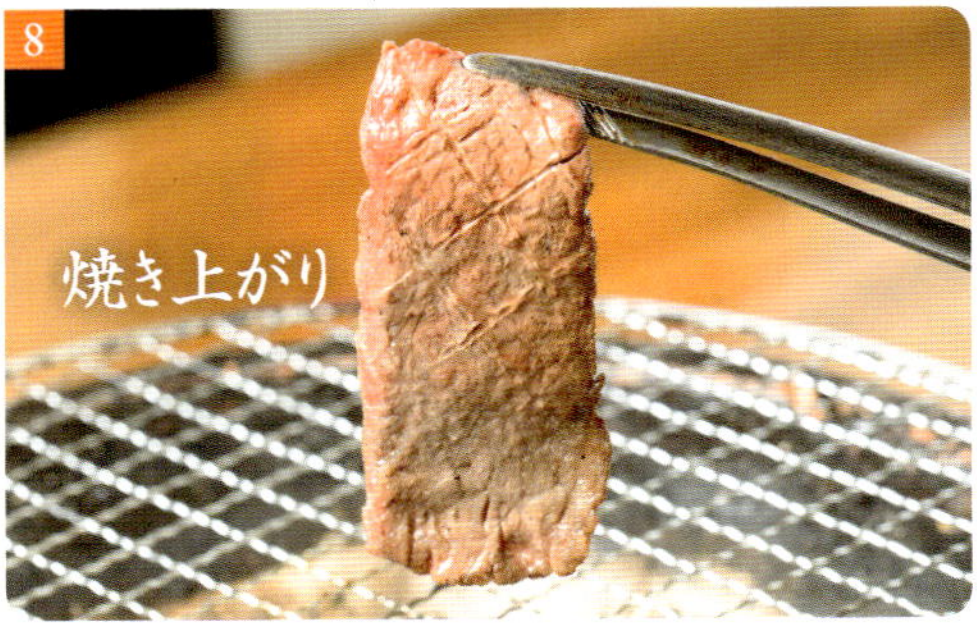

7《ガス》 ヒレ ヒレ

ヒレの柔らかさを堪能するなら ミディアムレアが正解！

オススメ調味料 ｜ ガーリックバター醤油、塩胡椒

焼きパターン C

さらっと肉焼き

中火 → 中火

焼き上がり

ミディアムレア

まずは生の状態で、ビジュアルを確認。

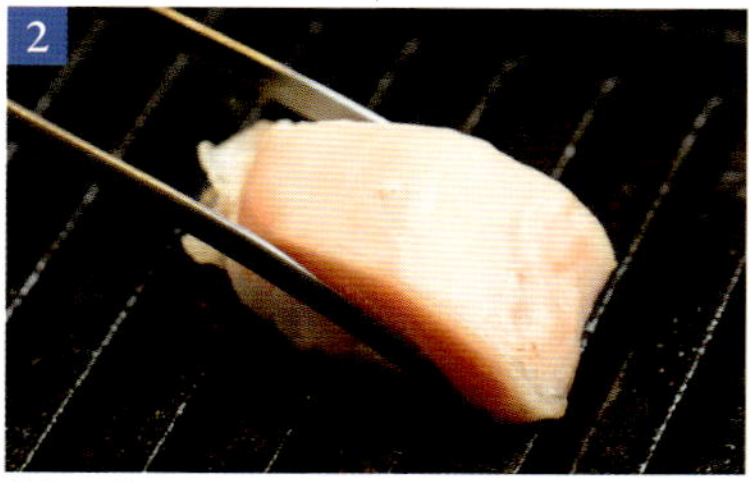

鉄板に脂を引きます。

肉の端をトングでつかみ、鉄板の中火エリアに。

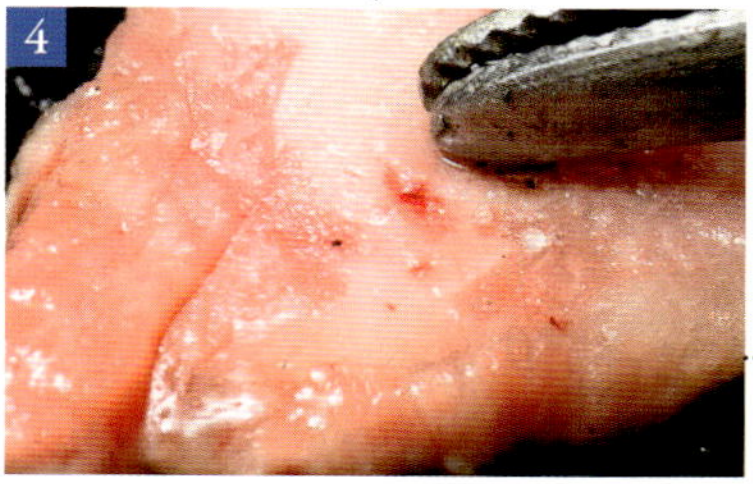

肉にじんわり汗が出てきたら、裏返しのサイン。

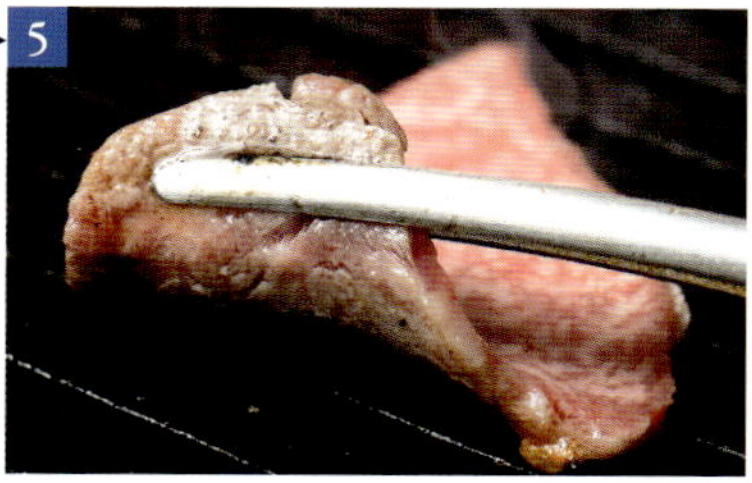

肉の端をトングでチラ見、焼き色変化で裏返し。

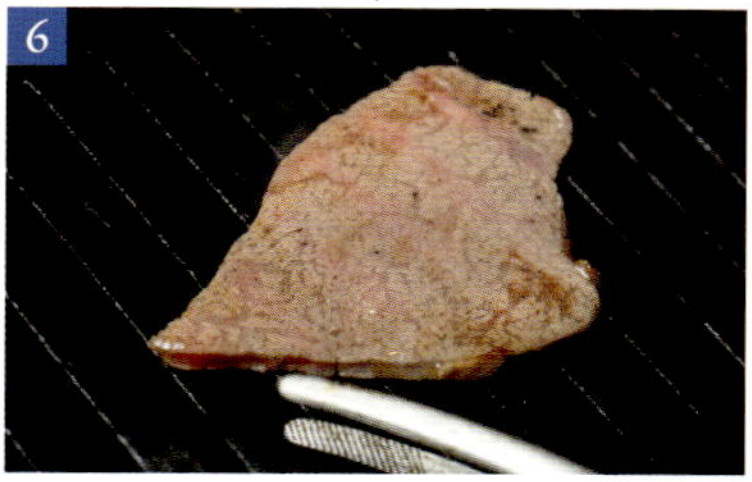

裏返して中火エリアに置きます。

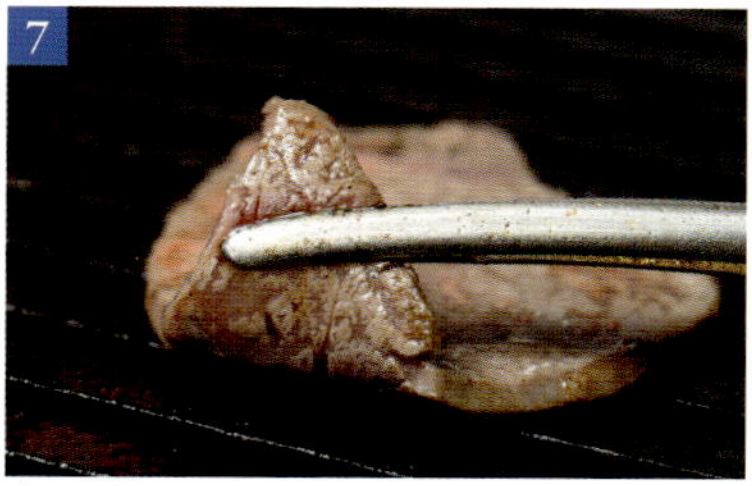

裏面は軽く焼く程度で完成です。

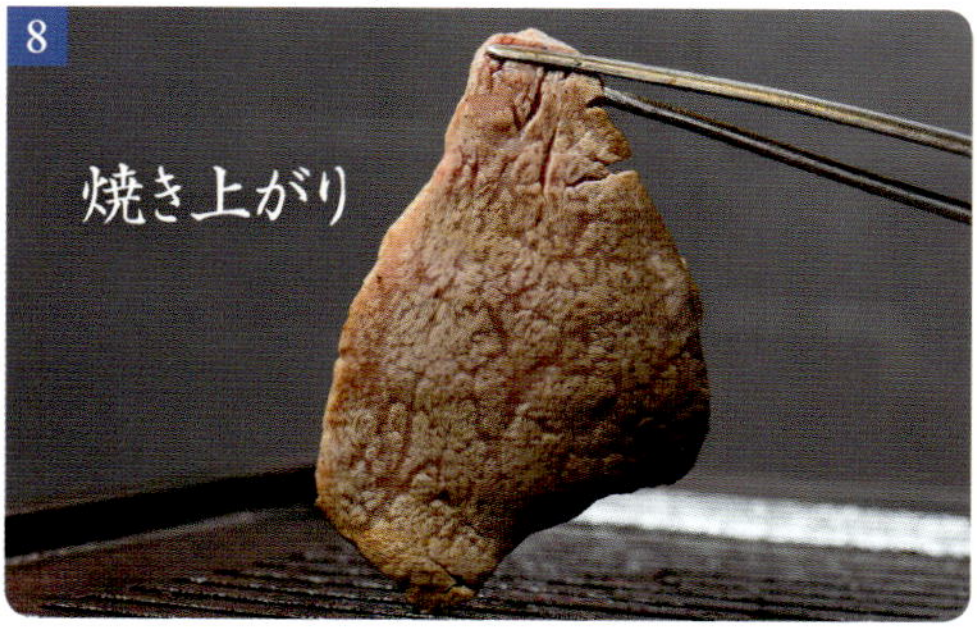

炭火

⑦ ヒレ ヒレ

くっつき防止のトングクロールは柔らかいヒレで披露しよう

オススメ調味料 | ガーリックバター醤油、塩胡椒

焼きパターン C

さらっと肉焼き

中火 → 中火

焼き上がり

ミディアムレア

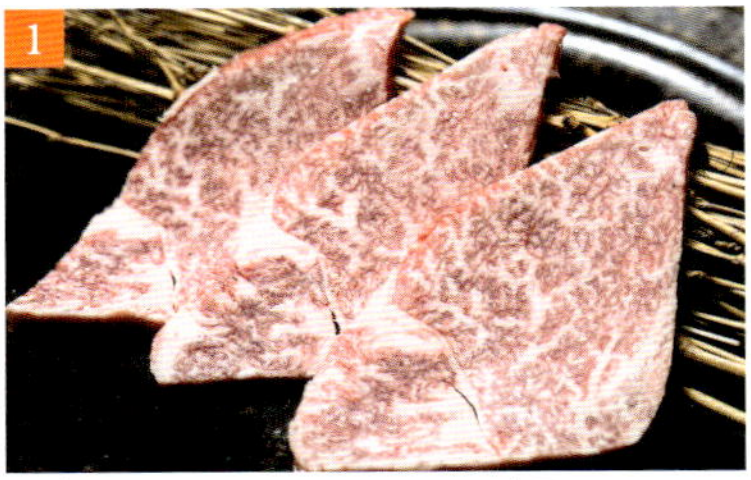

まずは生の状態で、ビジュアルを確認。

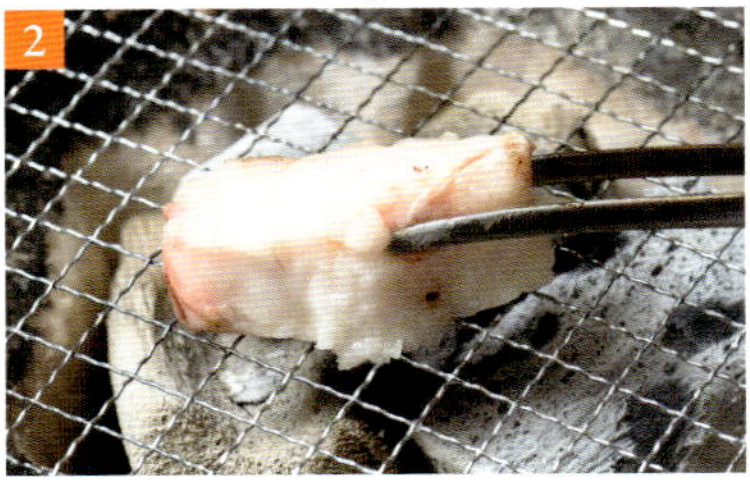

網に脂を引きます。

肉の端をトングでつかみ、網の中火エリアに。

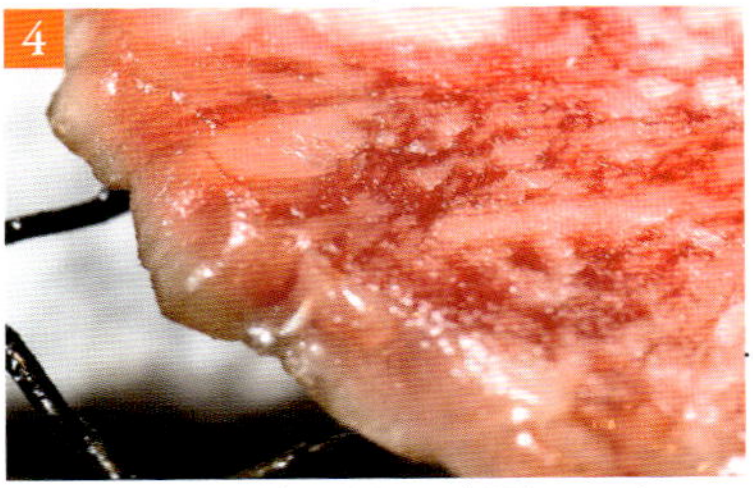

肉にじんわり汗が出てきたら、裏返しのサイン。

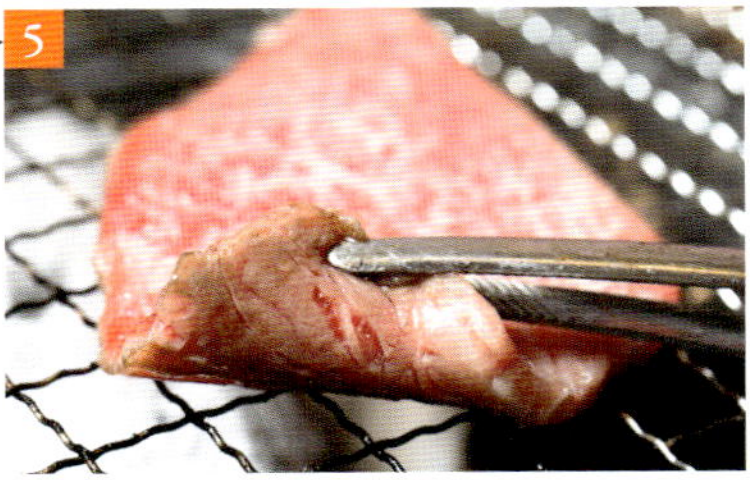

肉の端をトングでチラ見、焼き色変化で裏返し。

裏返して中火エリアに置きます。

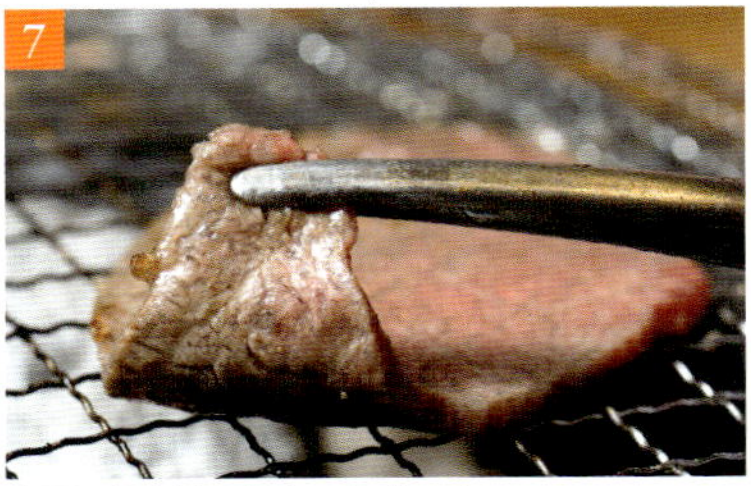

裏面は軽く焼く程度で完成です。

8《ガス》 カイノミ 中バラ

カルビ系のお肉なのにヒレのような肉質！焼きすぎると魅力が半減する

オススメ調味料 | 山葵醤油、塩胡椒

焼きパターン C

さらっと肉焼き

中火 → 中火

焼き上がり

ミディアムレア

1

まずは生の状態で、ビジュアルを確認。

2

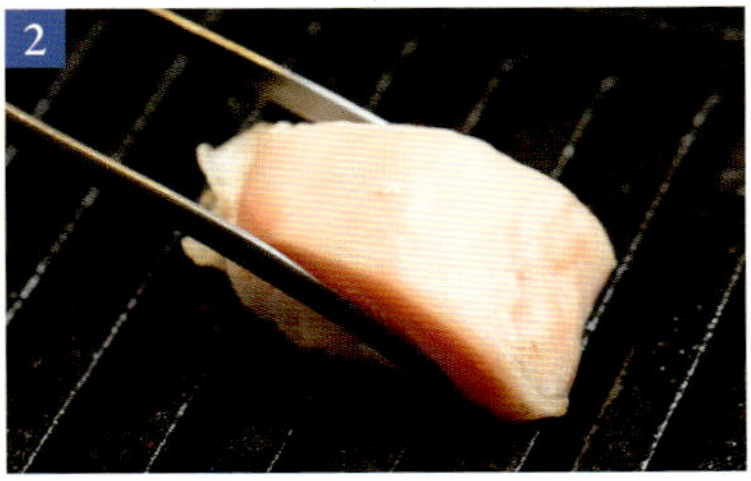

鉄板に脂を引きます。

3

肉の端をトングでつかみ、鉄板の中火エリアに。

4

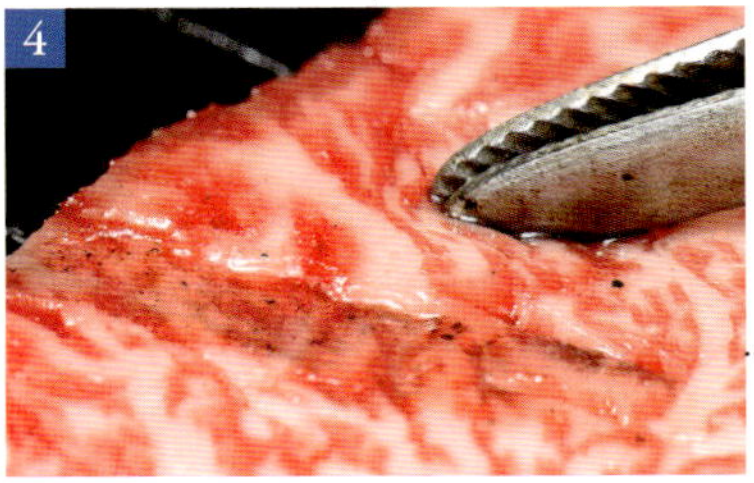

肉にじんわり汗が出てきたら、裏返しのサイン。

5

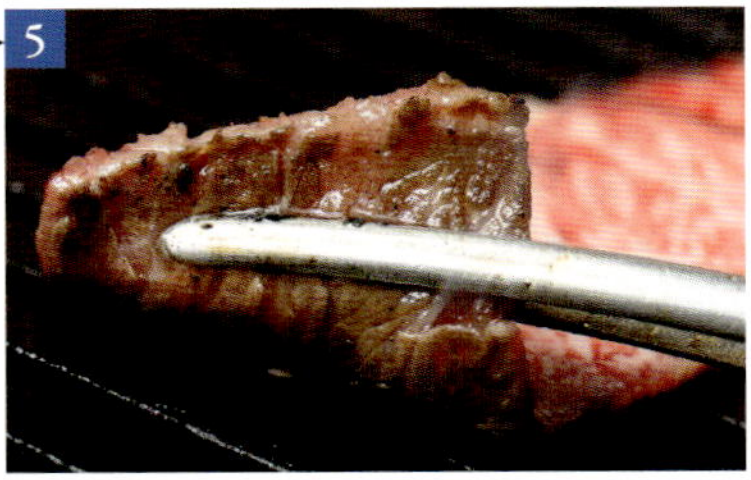

肉の端をトングでチラ見、焼き色変化で裏返し。

6

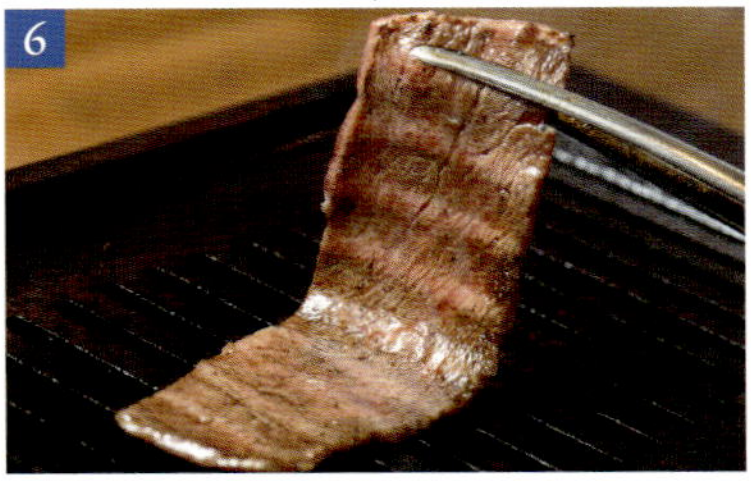

裏返して中火エリアに置きます。

7

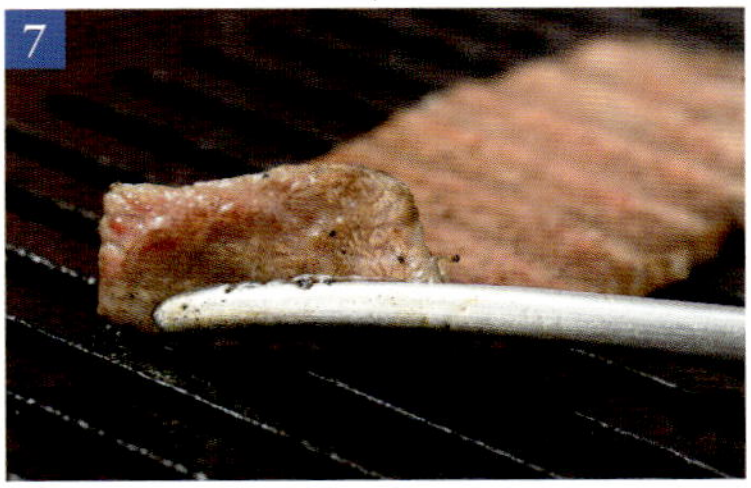

裏面は軽く焼く程度で完成です。

8

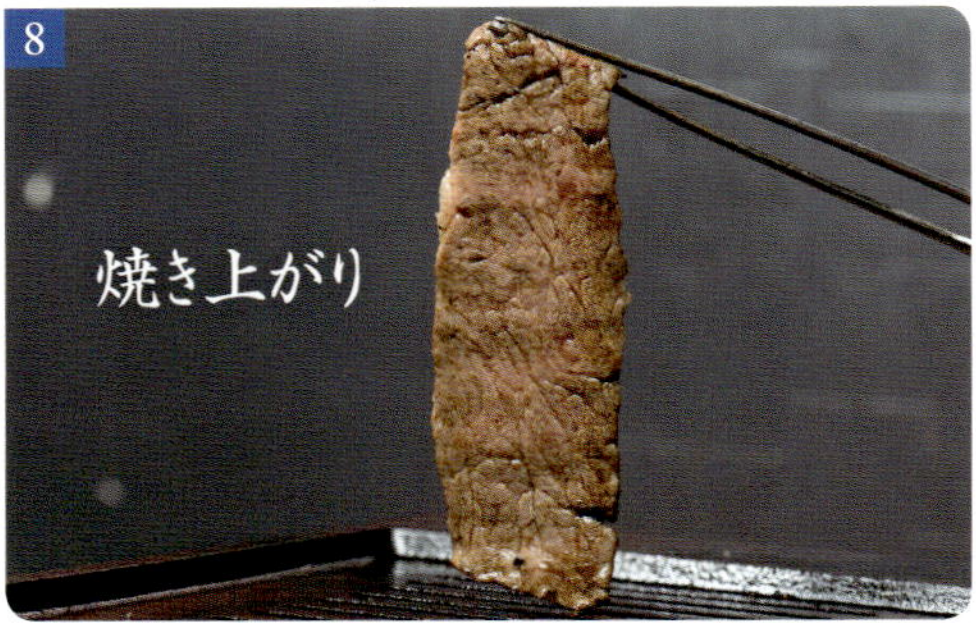

炭火

カイノミ

炭火⑧ カイノミ 中バラ

牛の腹筋は、適度に脂を落とすから、さっぱり食べられる！推し部位！

オススメ調味料 ｜ 山葵醤油、塩胡椒

焼きパターン C

さらっと肉焼き
中火 → 中火

焼き上がり
ミディアムレア

焼き方 | HOW TO GRILL MEAT

1 まずは生の状態で、ビジュアルを確認。

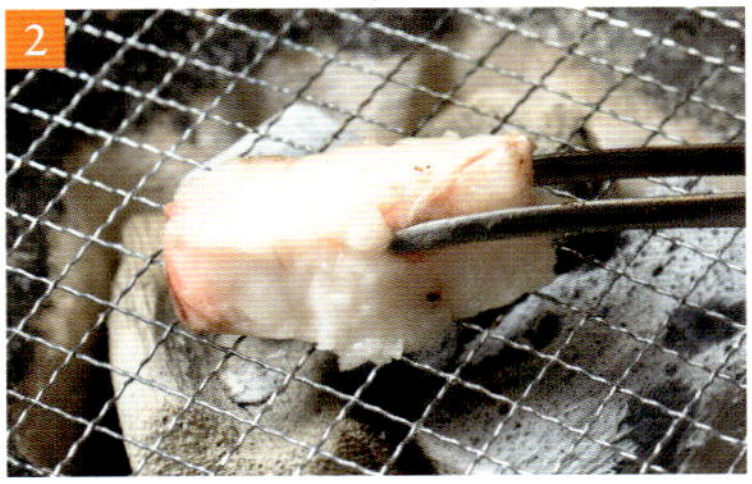

2 網に脂を引きます。

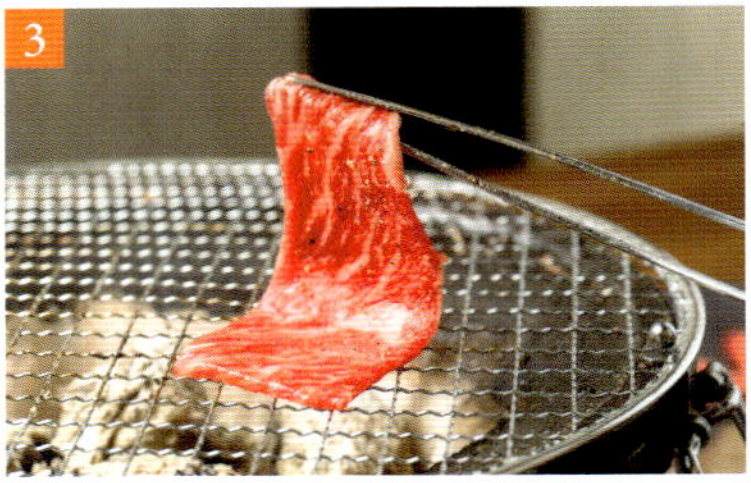

3 肉の端をトングでつかみ、網の中火エリアに。

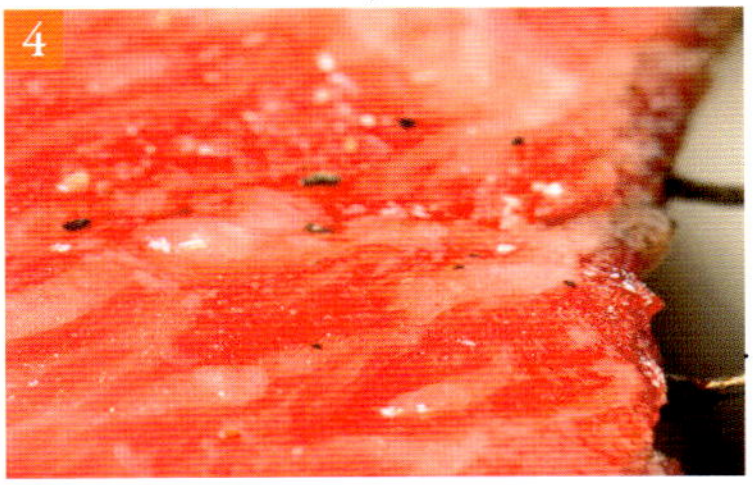

4 肉にじんわり汗が出てきたら、裏返しのサイン。

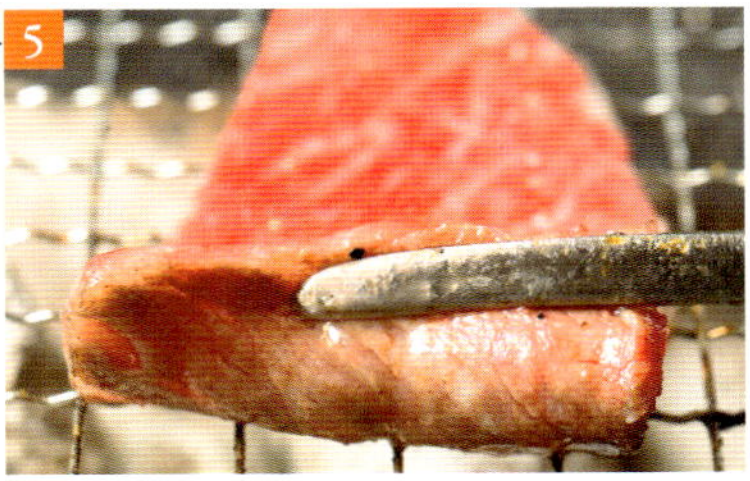

5 肉の端をトングでチラ見、焼き色変化で裏返し。

6 裏返して中火エリアに置きます。

7 裏面は軽く焼く程度で完成です。

8 焼き上がり

9《ガス》 イチボ ランイチ

表面だけ、さっと焼き
中は柔らかいレア状態が旨い

オススメ調味料 | 塩胡椒、ホースラディッシュ、山葵醤油

焼きパターン A

さっと脂溶かし焼き

強火 → 中火

焼き上がり

ミディアムレア

まずは生の状態で、ビジュアルを確認。

▼

鉄板に脂を引きます。

▼

肉の端をトングでつかみ、鉄板の強火エリアに。

▼

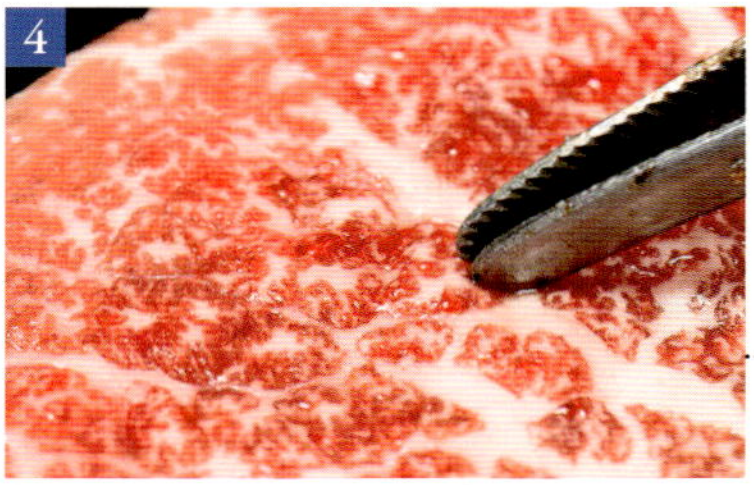

肉にじんわり汗が出てきたら、裏返しのサイン。

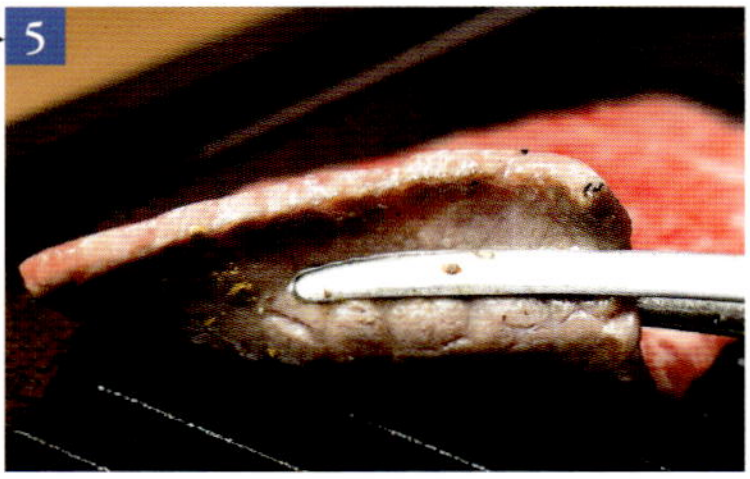

肉の端をトングでチラ見、焼き色変化で裏返し。

▼

裏返して中火エリアに移動します。

▼

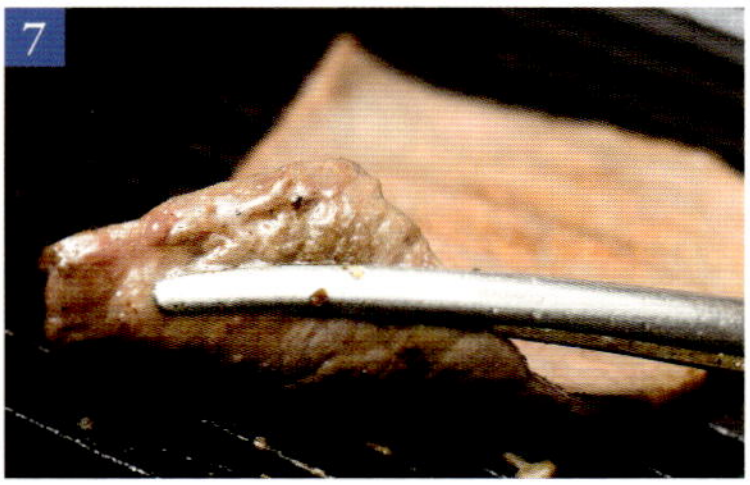

裏面は軽く焼く程度で完成です。

▼

炭火 9

イチボ ランイチ

肉肉しい赤身と脂質のスター部位だから、脂を溶かすだけでOK！

オススメ調味料 ｜ 塩胡椒、ホースラディッシュ、山葵醤油

焼きパターン A

さっと脂溶かし焼き

強火 → 中火

焼き上がり

ミディアムレア

まずは生の状態で、ビジュアルを確認。

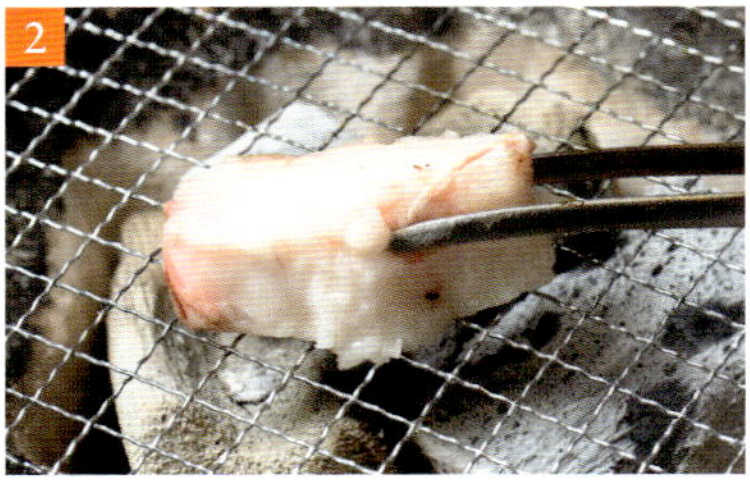

網に脂を引きます。

肉の端をトングでつかみ、網の強火エリアに。

肉にじんわり汗が出てきたら、裏返しのサイン。

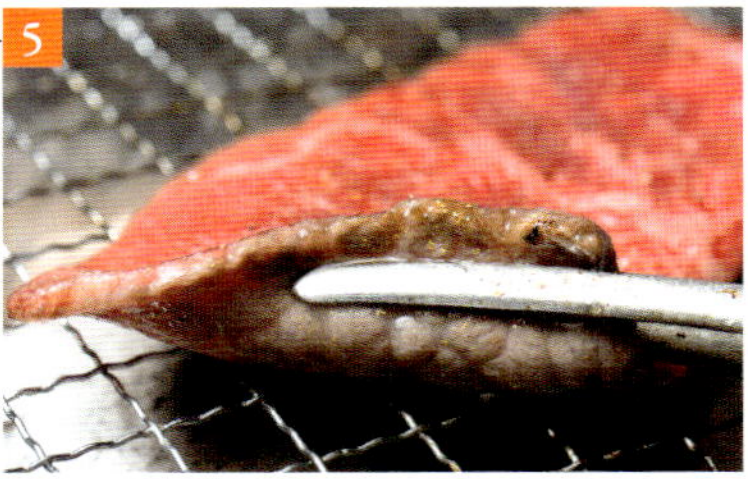

肉の端をトングでチラ見、焼き色変化で裏返し。

裏返して中火エリアに移動します。

裏面は軽く焼く程度で完成です。

⑩《ガス》 トモサンカク シンタマ

強火で脂を溶かすように、さっと焼いて、すぐ食べるべし

オススメ調味料 | タレ、山葵醤油、塩

焼きパターン A

さっと脂溶かし焼き

強火 → 中火

焼き上がり

ミディアムレア

まずは生の状態で、ビジュアルを確認。

▼

鉄板に脂を引きます。

▼

肉の端をトングでつかみ、鉄板の強火エリアに。

▼

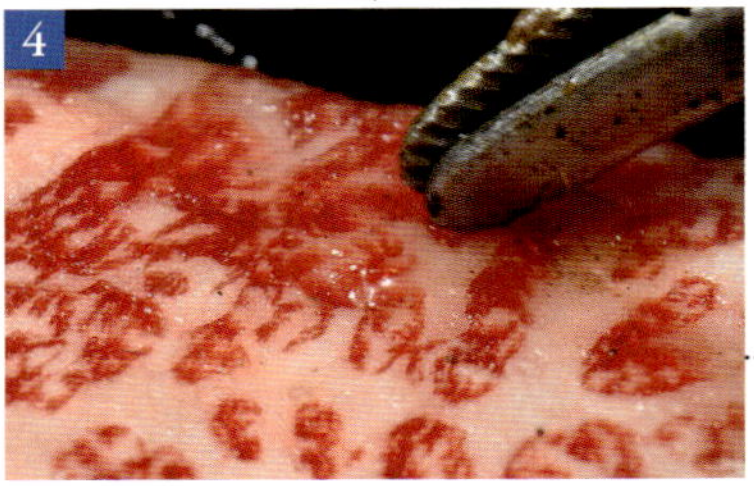

肉にじんわり汁が出てきたら、裏返しのサイン。

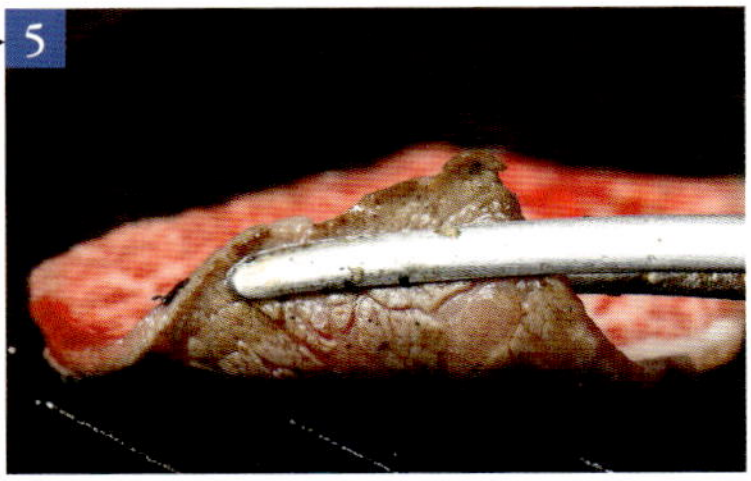

肉の端をトングでチラ見、焼き色変化で裏返し。

▼

裏返して中火エリアに移動します。

▼

裏面は軽く焼く程度で完成です。

▼

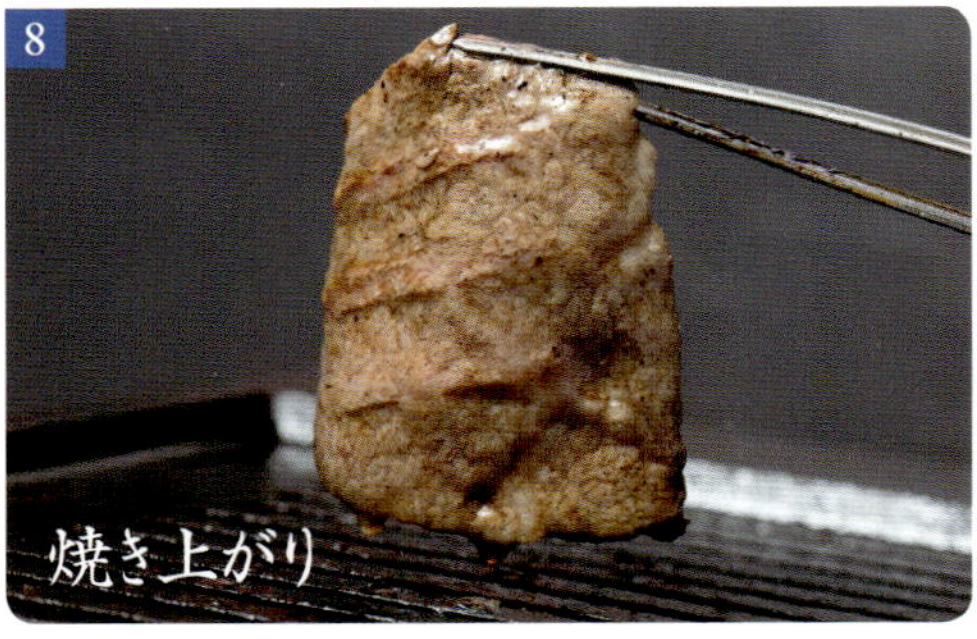

炭火

炭火⑩ トモサンカク シンタマ

**美サシ希少部位は濃厚な味わい！
肉汗を見逃さず、サッと焼きたい**

オススメ調味料 ｜ タレ、山葵醤油、塩

焼きパターン A
さっと脂溶かし焼き
強火 → 中火

焼き上がり
ミディアムレア

焼き方 — HOW TO GRILL MEAT

1 まずは生の状態で、ビジュアルを確認。

2 網に脂を引きます。

3 肉の端をトングでつかみ、網の強火エリアに。

4 肉にじんわり汗が出てきたら、裏返しのサイン。

5 肉の端をトングでチラ見、焼き色変化で裏返し。

6 裏返して中火エリアに移動します。

7 裏面は軽く焼く程度で完成です。

8 焼き上がり

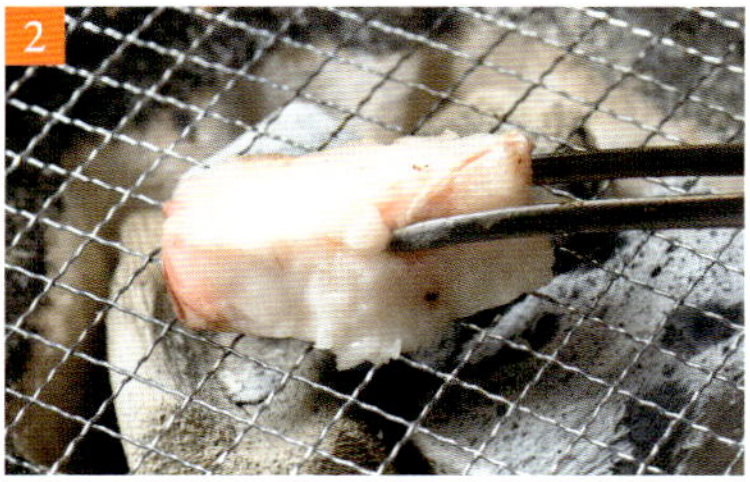

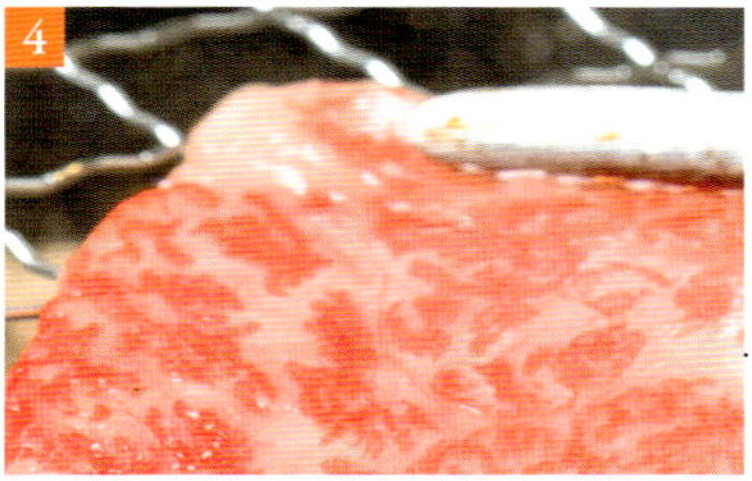

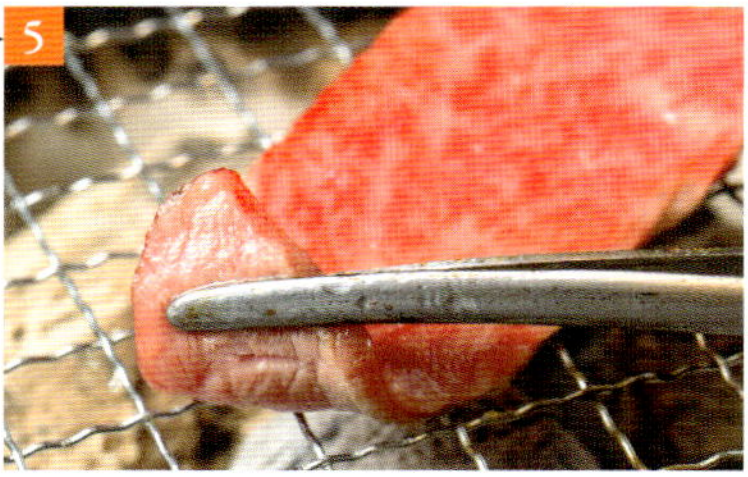

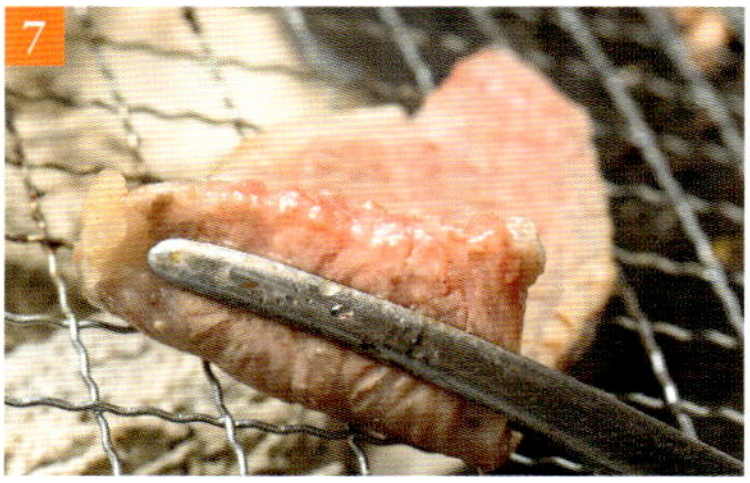

⑪《ガス》 ザブトン 肩ロース

焼きパターン A

さっと脂溶かし焼き

強火 → 中火

焼き上がり

ミディアム

肉の旨味と脂の甘みを存分に味わうために、スター部位はさっと焼く

オススメ調味料 ｜ 出汁トロロ、おろしポン酢、すき焼き風卵ダレ、タレ

まずは生の状態で、ビジュアルを確認。

▼

鉄板に脂を引きます。

▼

肉の端をトングでつかみ、鉄板の強火エリアに。

▼

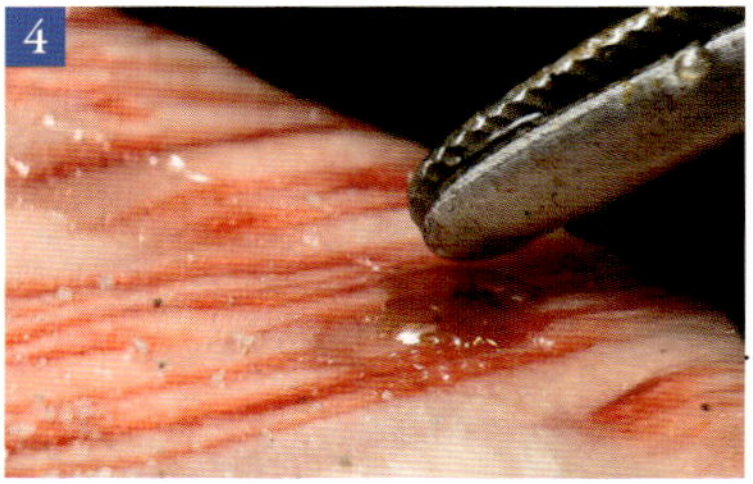

肉にじんわり汗が出てきたら、裏返しのサイン。

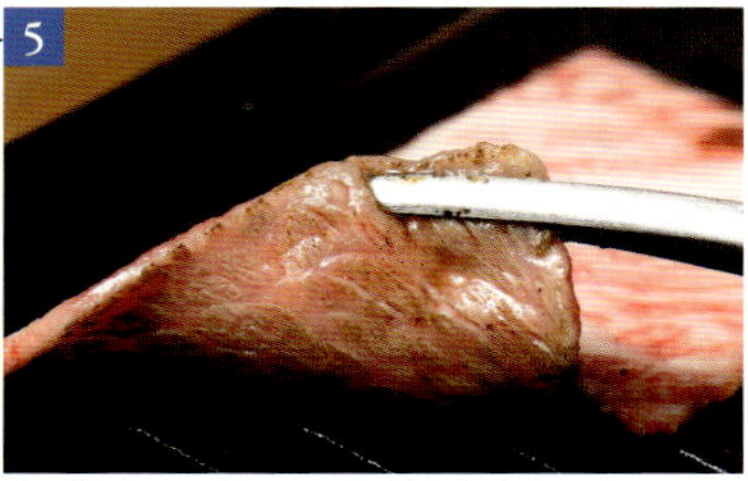

肉の端をトングでチラ見、焼き色変化で裏返し。

▼

裏返して中火エリアに移動します。

▼

裏面は軽く焼く程度で完成です。

▼

炭火 ⑪ ザブトン 肩ロース

**ザブトンは汗が出るのが早い！
一瞬足りとも目を離すな**

オススメ調味料 │ 出汁トロロ、おろしポン酢、すき焼き風卵ダレ、タレ

焼きパターン A
さっと脂溶かし焼き
強火 → 中火
🔥🔥🔥 🔥🔥

焼き上がり
ミディアム

焼き方 / HOW TO GRILL MEAT

1. まずは生の状態で、ビジュアルを確認。

2. 網に脂を引きます。

3. 肉の端をトングでつかみ、網の強火エリアに。

4. 肉にじんわり汗が出てきたら、裏返しのサイン。

5. 肉の端をトングでチラ見、焼き色変化で裏返し。

6. 裏返して中火エリアに移動します。

7. 裏面は軽く焼く程度で完成です。

8. 焼き上がり

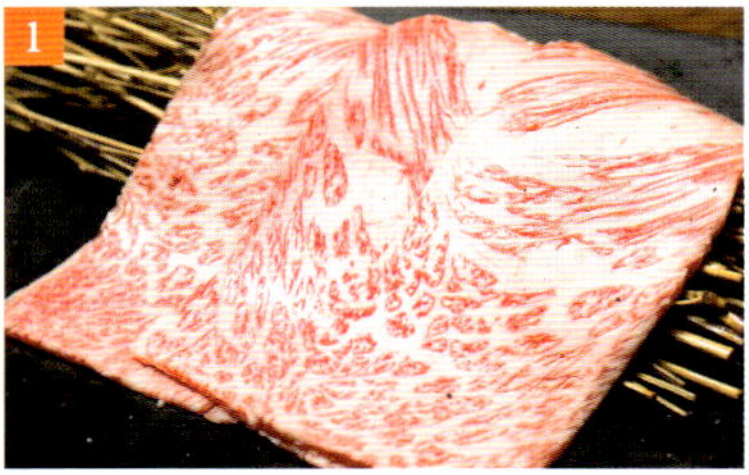

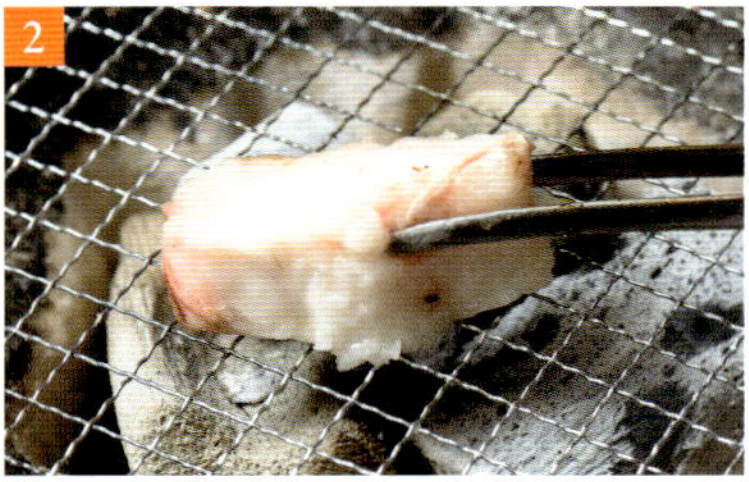

ガス 12 ミスジ 肩（腕）

最初は強火でしっかり、上品な脂を溶かすように焼く

オススメ調味料 ｜ 山葵醤油、塩、タレ、ポン酢

焼きパターン A

さっと脂溶かし焼き

強火 → 中火

焼き上がり

ミディアム

まずは生の状態で、ビジュアルを確認。

▼

鉄板に脂を引きます。

▼

肉の端をトングでつかみ、鉄板の強火エリアに。

▼

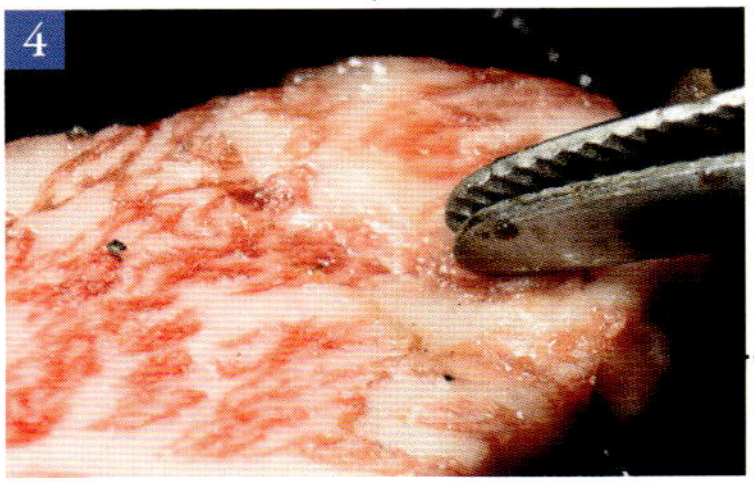

肉にじんわり汁が出てきたら、裏返しのサイン。

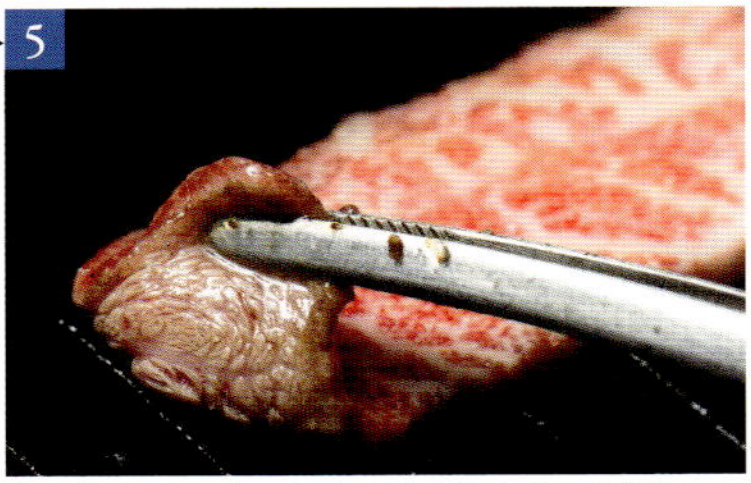

肉の端をトングでチラ見、焼き色変化で裏返し。

▼

裏返して中火エリアに移動します。

▼

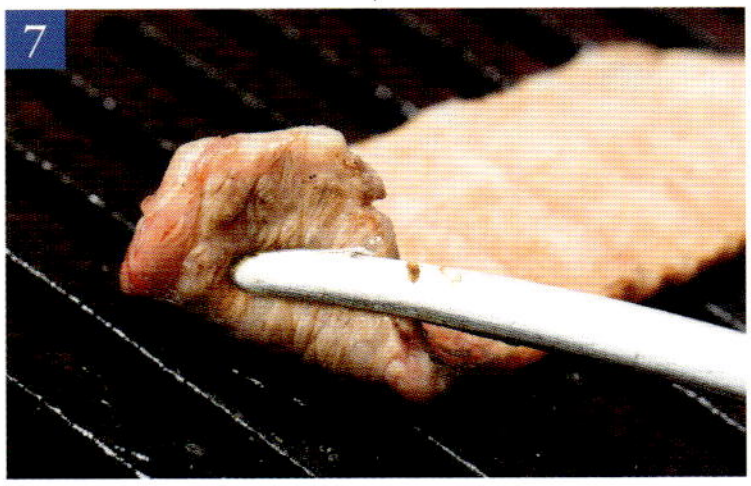

裏面は軽く焼く程度で完成です。

▼

炭火 ⑫ ミスジ 肩(腕)

じんわり汗が裏返しのサイン！
裏面は軽く焼く程度に

オススメ調味料 ｜ 山葵醤油、塩、タレ、ポン酢

焼きパターン A
さっと脂溶かし焼き
強火 → 中火

焼き上がり
ミディアム

焼き方 / HOW TO GRILL MEAT

1. まずは生の状態で、ビジュアルを確認。

2. 網に脂を引きます。

3. 肉の端をトングでつかみ、網の強火エリアに。

4. 肉にじんわり汗が出てきたら、裏返しのサイン。

5. 肉の端をトングでチラ見、焼き色変化で裏返し。

6. 裏返して中火エリアに移動します。

7. 裏面は軽く焼く程度で完成です。

8. 焼き上がり

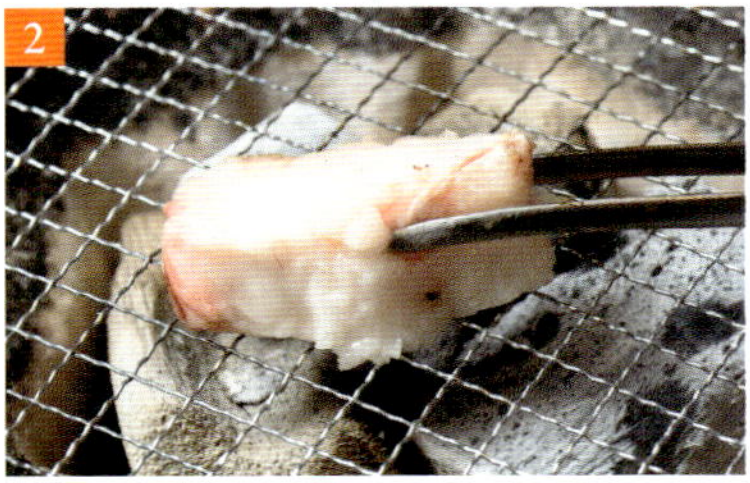

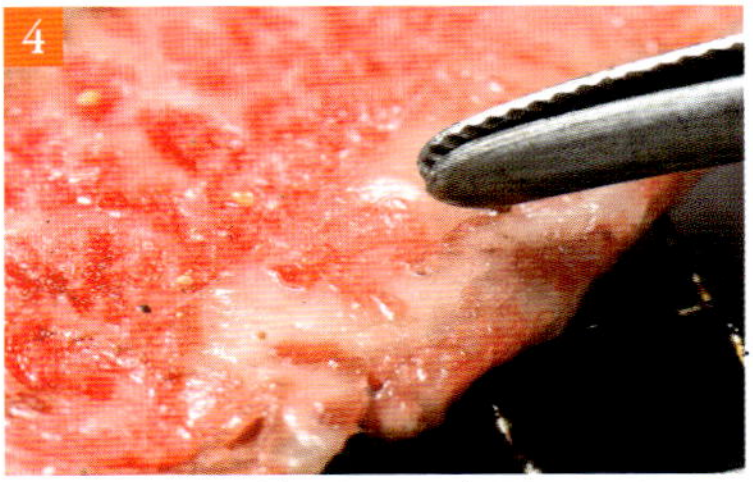

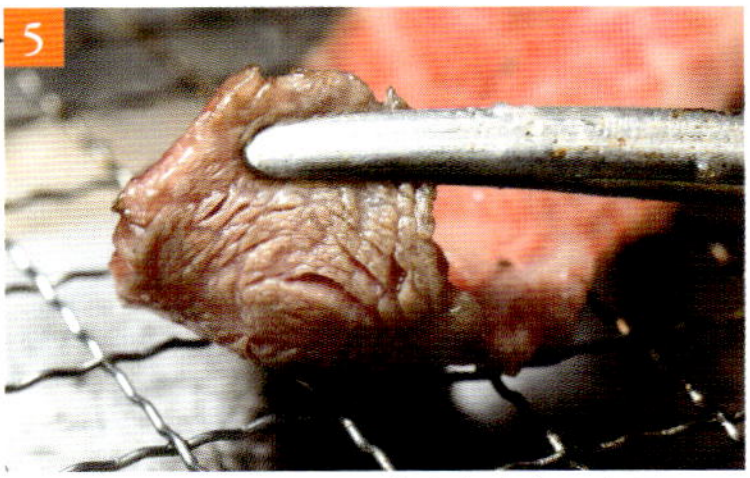

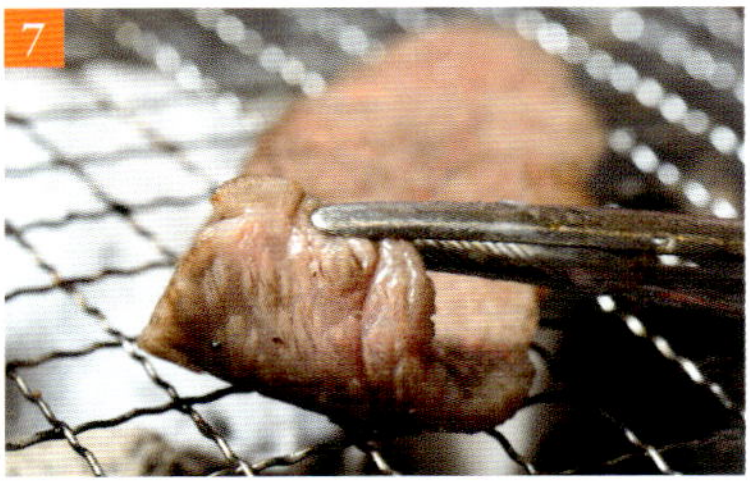

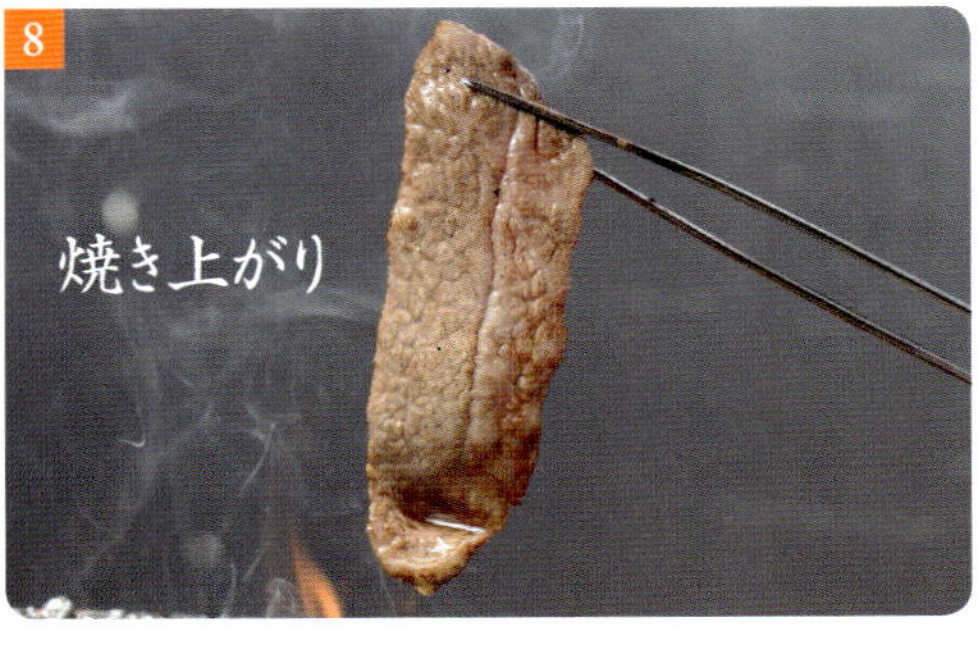

13《ガス》 ササバラ 外バラ

サシが多いから、肉の汗のタイミングが分かりやすい！

オススメ調味料 ｜ 山葵醤油、タレ

焼きパターン A
さっと脂溶かし焼き
強火 → 中火

焼き上がり
ミディアムレア

1

まずは生の状態で、ビジュアルを確認。

▼

2
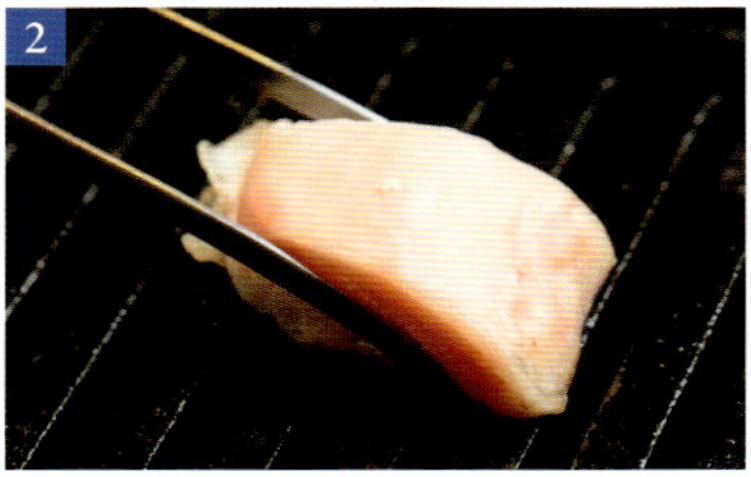
鉄板に脂を引きます。

▼

3
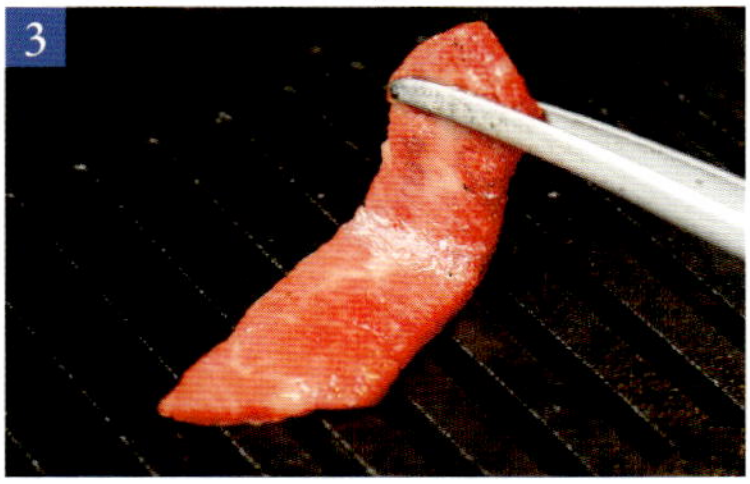
肉の端をトングでつかみ、鉄板の強火エリアに。

▼

4
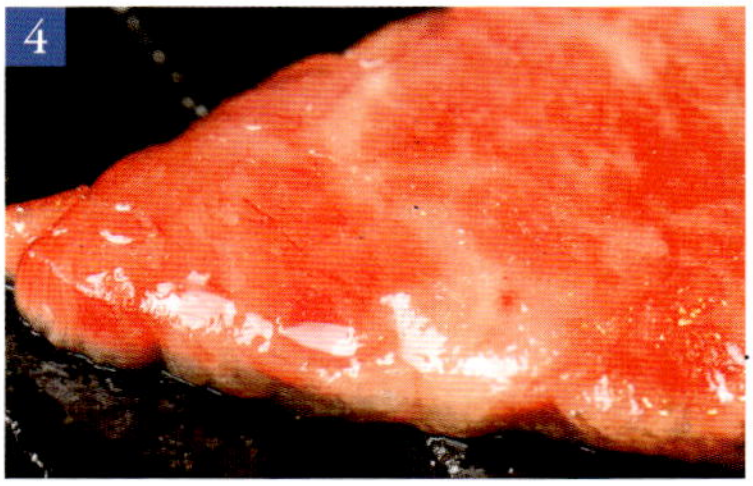
肉にじんわり汗が出てきたら、裏返しのサイン。

5
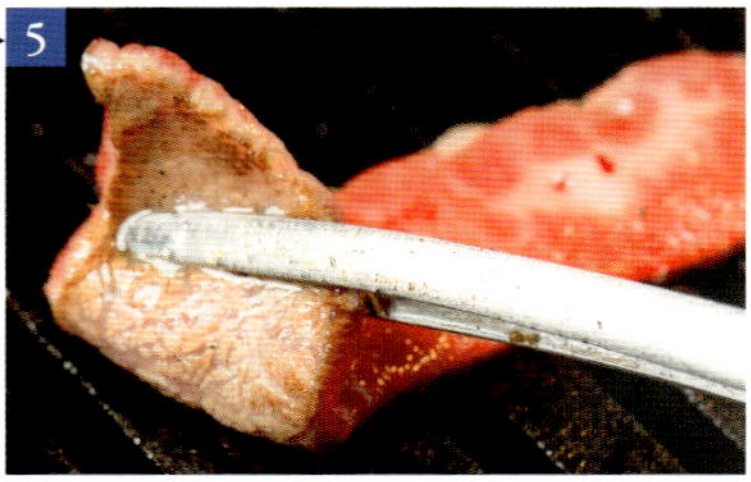
肉の端をトングでチラ見、焼き色変化で裏返し。

▼

6
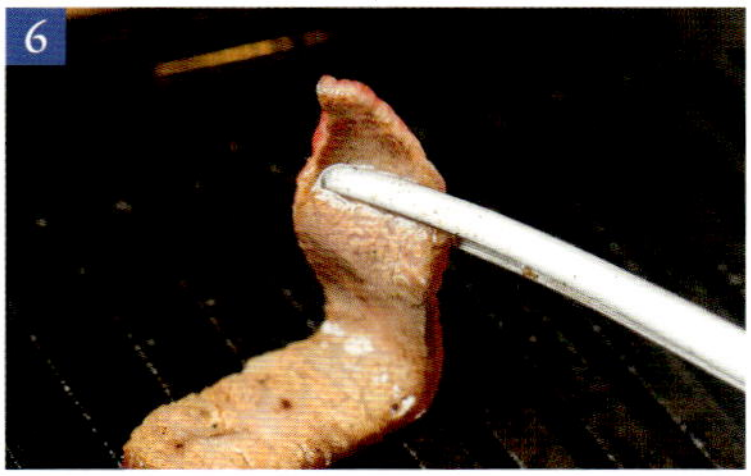
裏返して中火エリアに移動します。

▼

7
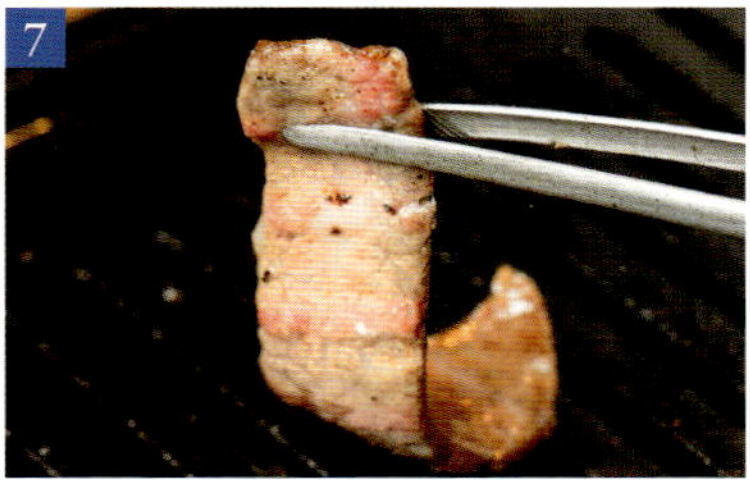
裏面は軽く焼く程度で完成です。

▼

8

炭火

13 ササバラ 外バラ

上カルビはサシも多く、一瞬で裏返すタイミングが訪れる

オススメ調味料 | 山葵醤油、タレ

焼きパターン A

さっと脂溶かし焼き

強火 → 中火

焼き上がり

ミディアムレア

まずは生の状態で、ビジュアルを確認。

▼

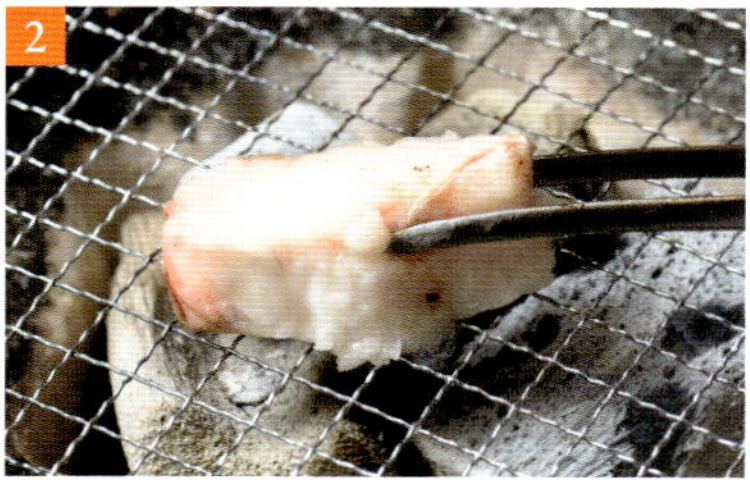

網に脂を引きます。

▼

肉の端をトングでつかみ、網の強火エリアに。

▼

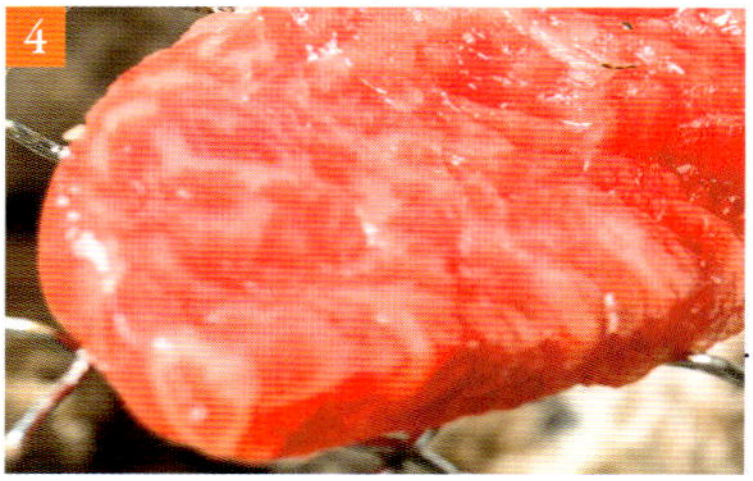

肉にじんわり汗が出てきたら、裏返しのサイン。

肉の端をトングでチラ見、焼き色変化で裏返し。

▼

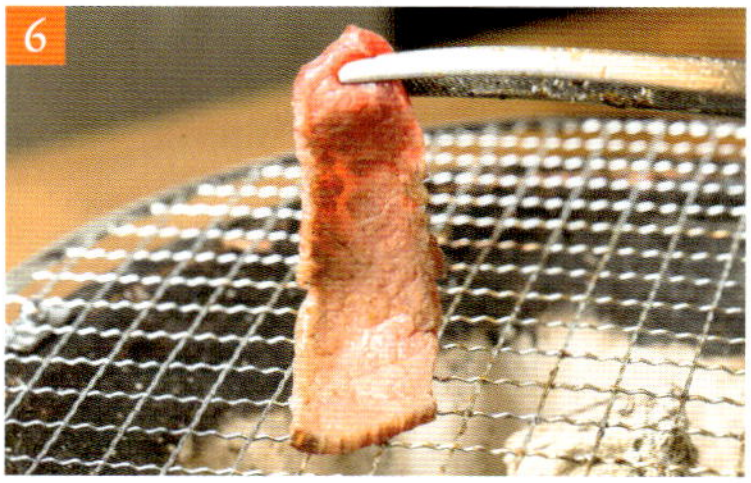

裏返して中火エリアに移動します。

▼

裏面は軽く焼く程度で完成です。

▼

14《ガス》 サーロイン サーロイン

牛肉界の王様サーロインは、一枚肉で豪快に焼くのがいちばん旨い

オススメ調味料 ｜ 塩胡椒、ポン酢、塩ポン酢、出汁トロロ

焼きパターン J

巨大肉のまるっと全部焼き

まるっと全部置き → まるっと全部返し

焼き上がり

ミディアムレア

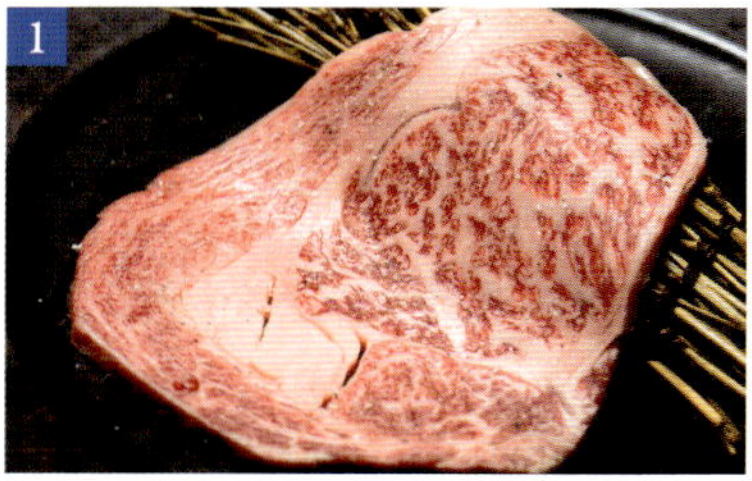

まずは生の状態で、ビジュアルを確認。

▼

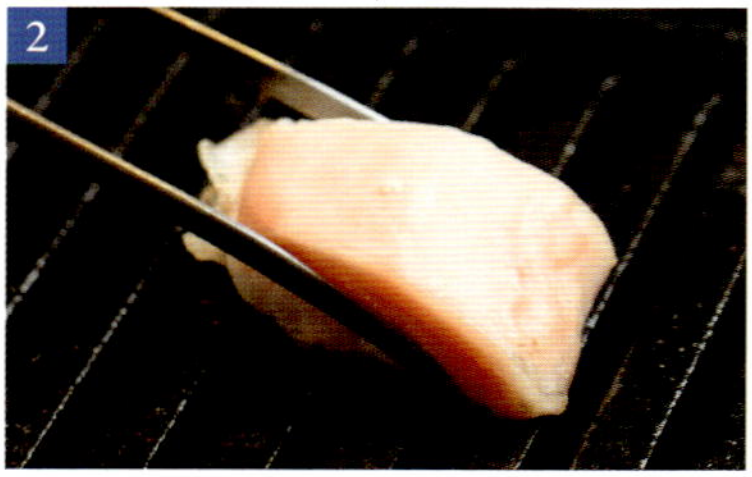

鉄板に脂を引きます。

▼

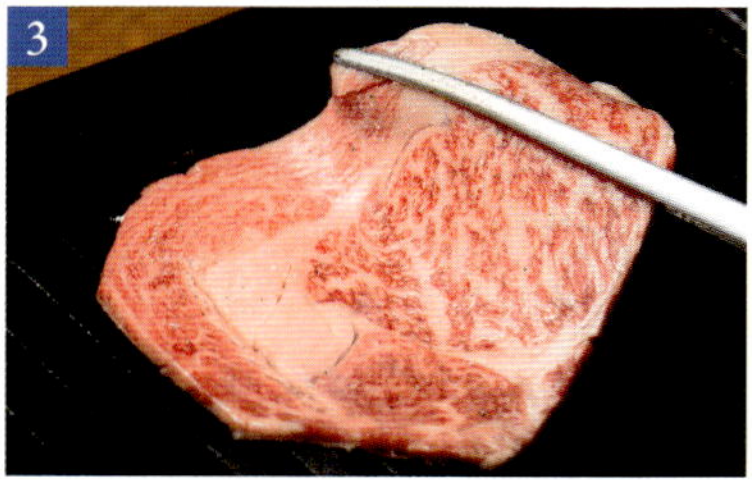

中心に肉をまるっと全部置き。

▼

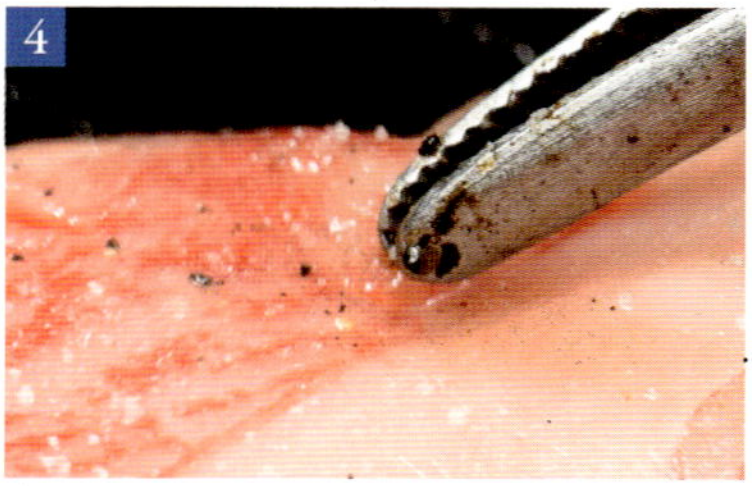

肉にじんわり汗が出てきたら、裏返しのサイン。

肉の端をトングでチラ見、焼き色変化で裏返し。

▼

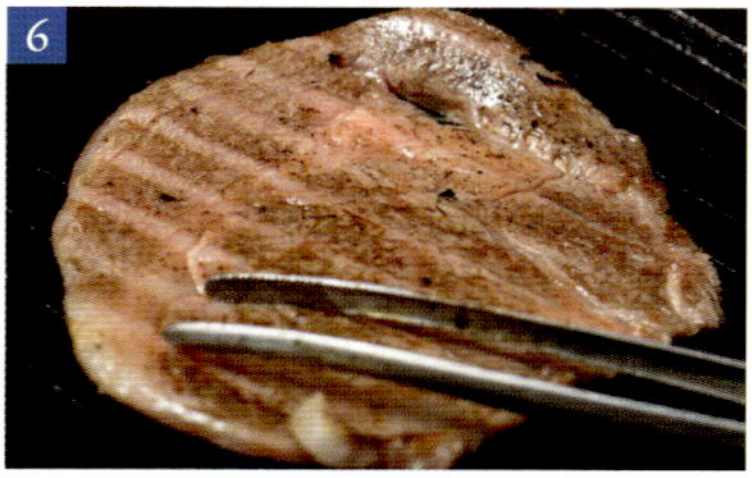

トング二刀流で中心にまるっと全部裏返します。

▼

裏面は軽く焼く程度で完成です。

▼

炭火⑭ サーロイン <small>サーロイン</small>

炭火でまるっと裏返すときは、トング二刀流で安定感をキープ

オススメ調味料 ｜ 塩胡椒、ポン酢、塩ポン酢、出汁トロロ

焼きパターン
巨大肉のまるっと全部焼き
まるっと全部置き → まるっと全部返し

焼き上がり
ミディアムレア

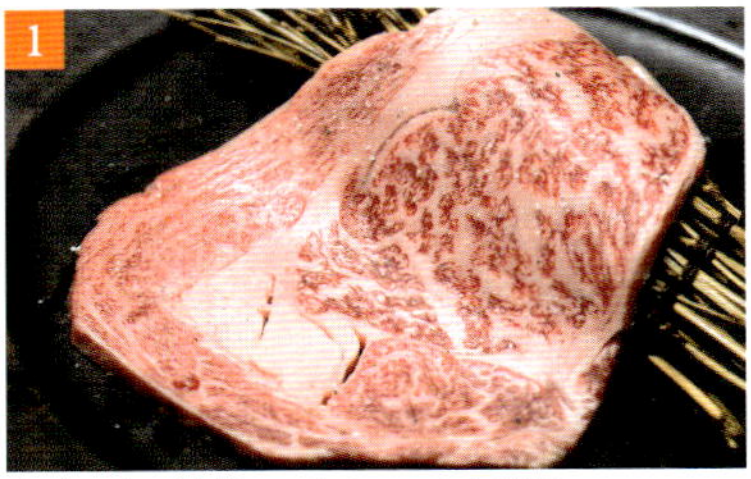

1 まずは生の状態で、ビジュアルを確認。
▼

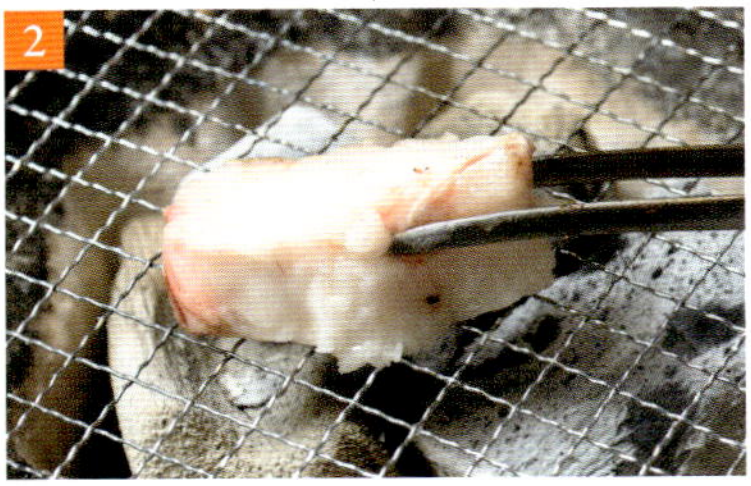

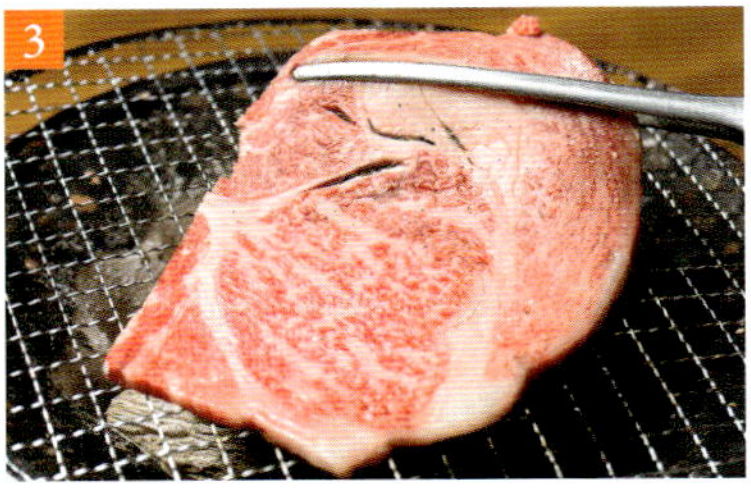

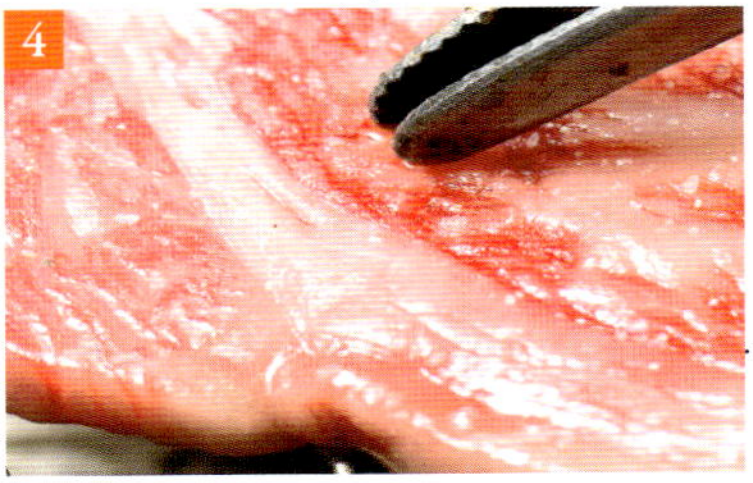

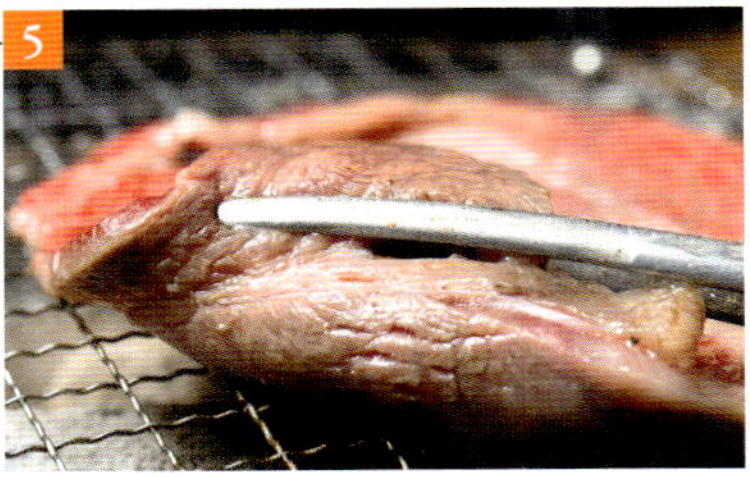

5 肉の端をトングでチラ見、焼き色変化で裏返し。

2 網に脂を引きます。
▼

6 トング二刀流で中心にまるっと全部裏返します。

3 中心に肉をまるっと全部置き。

7 裏面は軽く焼く程度で完成です。

4 肉にじんわり汗が出てきたら、裏返しのサイン。

8 焼き上がり

焼き方 HOW TO GRILL MEAT

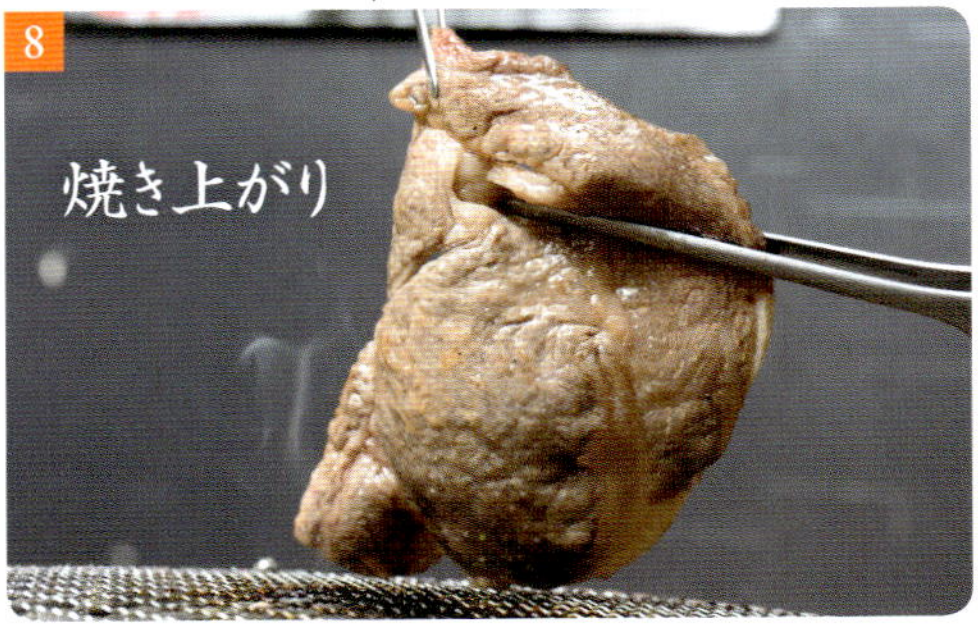

15《ガス》 三角バラ 肩バラ

脂を程よく落とすのに効果絶大！ しゃぶしゃぶ焼きをマスターしよう

オススメ調味料｜山葵醤油

焼きパターン B

しゃぶしゃぶ焼き

中火 しゃぶしゃぶ → 中火

焼き上がり

ミディアムウェル

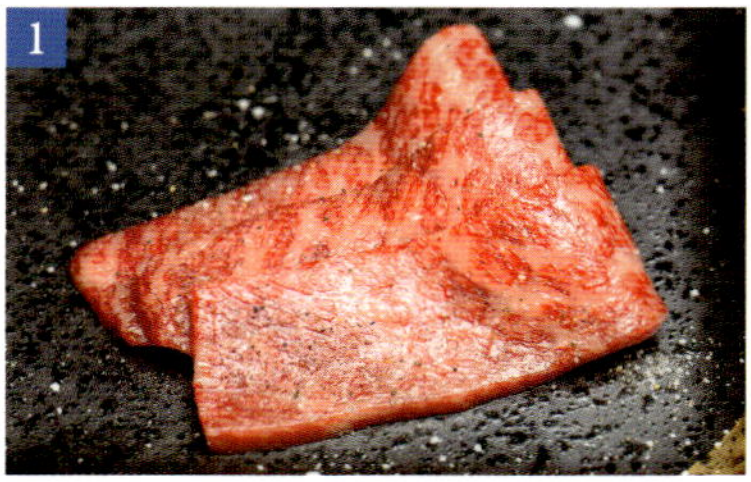

まずは生の状態で、ビジュアルを確認。

鉄板に脂を引きます。

肉の端をトングでつかみ、鉄板の中火エリアに。

肉の端をトングでつかみ、しゃぶしゃぶしゃぶ

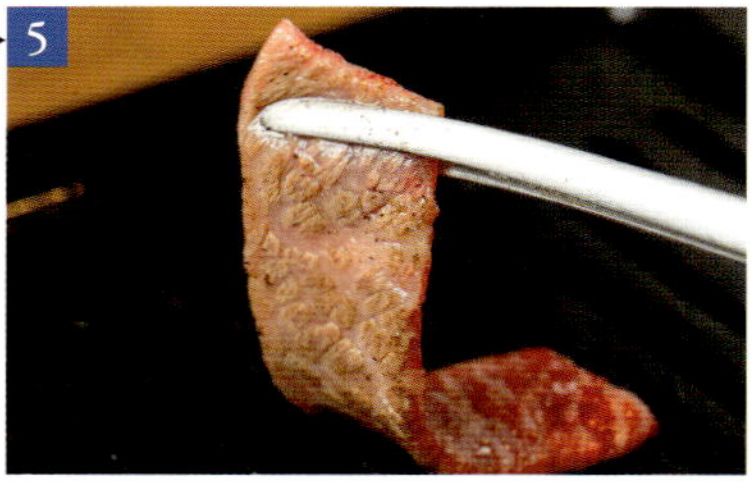

肉の端をトングでチラ見、焼き色変化で裏返し。

裏返して中火エリアに置きます。

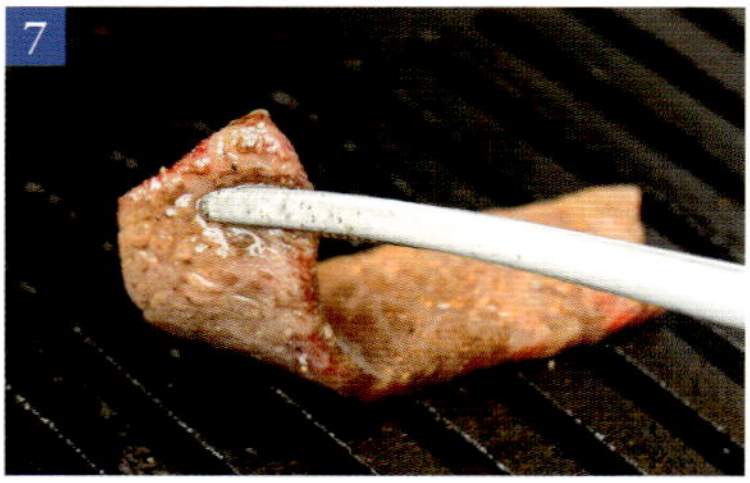

裏面は軽く焼く程度で完成です。

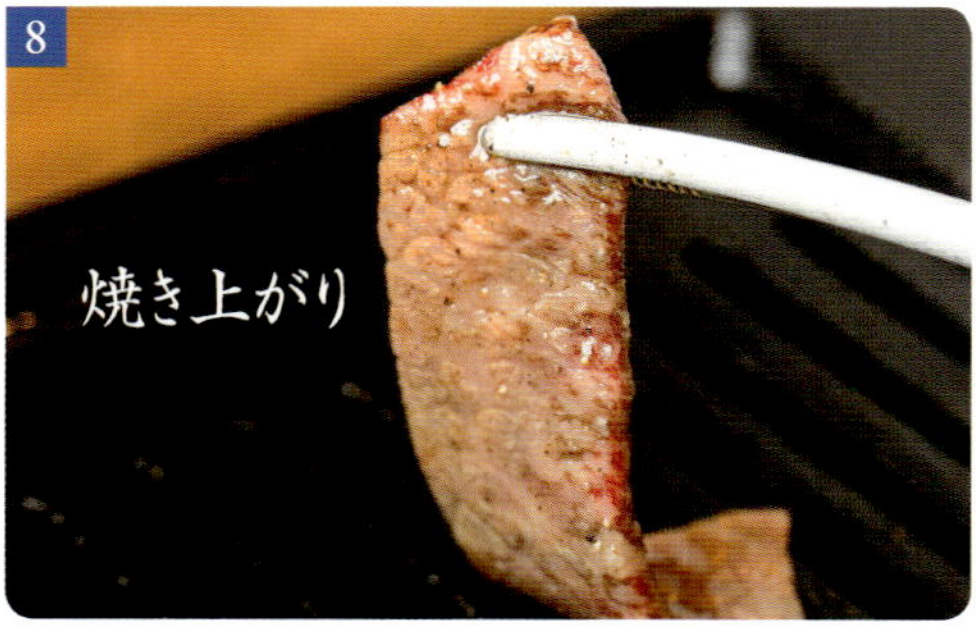

炭火 15

三角バラ 肩バラ

裏返すタイミングを見逃すな！特上カルビこそ上手に焼きたい

オススメ調味料 | 山葵醤油

焼きパターン C

（脂は多いけど）さらっと肉焼き

中火 → 中火

焼き上がり

ミディアムウェル

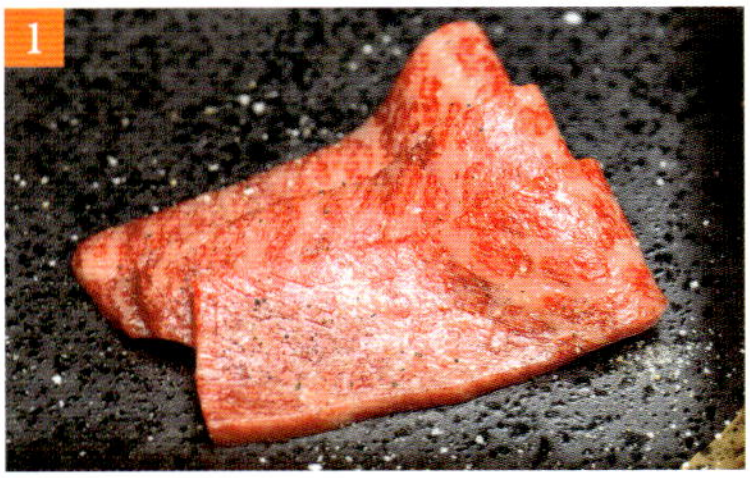

まずは生の状態で、ビジュアルを確認。

▼

網に脂を引きます。

▼

肉の端をトングでつかみ、網の中火エリアに。

▼

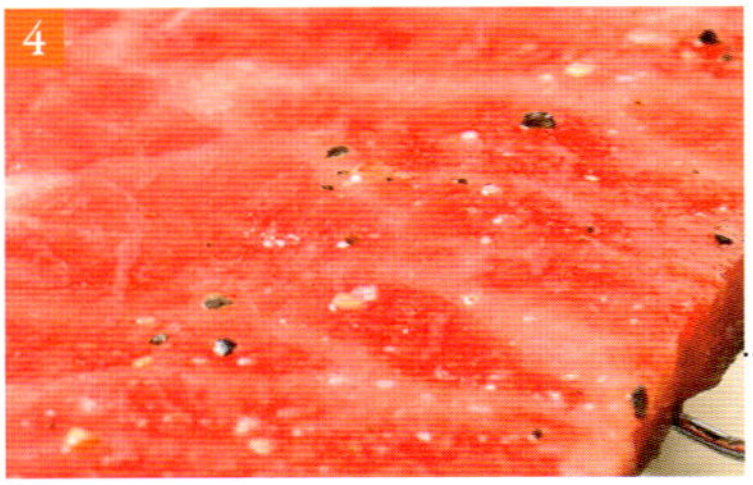

肉にじんわり汗が出てきたら、裏返しのサイン。

肉の端をトングでチラ見、焼き色変化で裏返し。

▼

裏返して中火エリアに置きます。

▼

裏面は軽く焼く程度で完成です。

▼

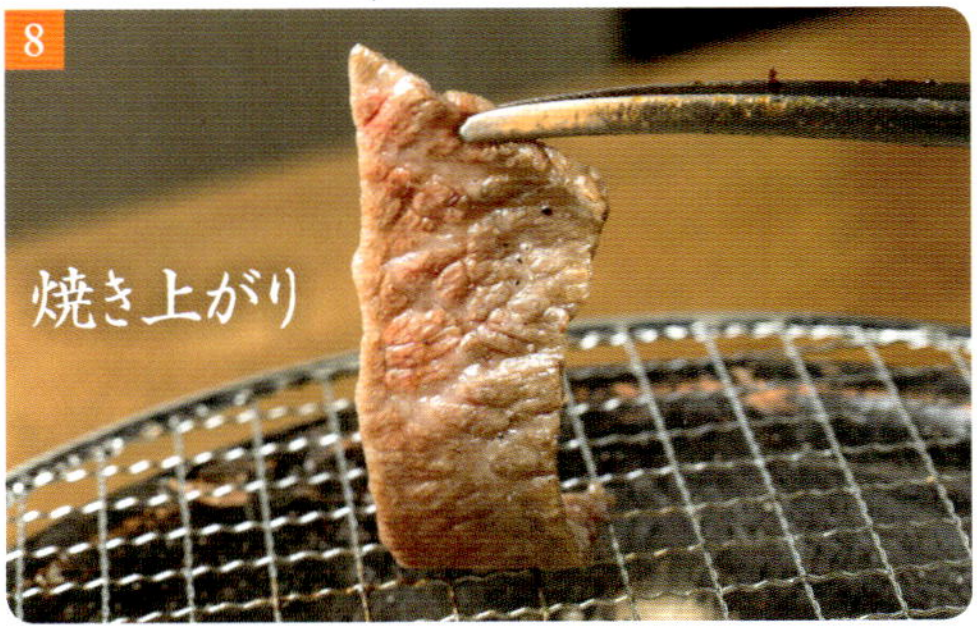

ガス

⑯ リブ芯 リブロース

トングでやさしく肉をつかみ、素早くしゃぶしゃぶするのがコツ

オススメ調味料 | 出汁トロロ、おろしポン酢、すき焼き風卵ダレ

焼きパターン B

しゃぶしゃぶ焼き

中火 しゃぶしゃぶ → 中火

焼き上がり

ミディアム

まずは生の状態で、ビジュアルを確認。

▼

鉄板に脂を引きます。

▼

肉の端をトングでつかみ、鉄板の中火エリアに。

▼

肉の端をトングでつかみ、しゃぶしゃぶしゃぶ。

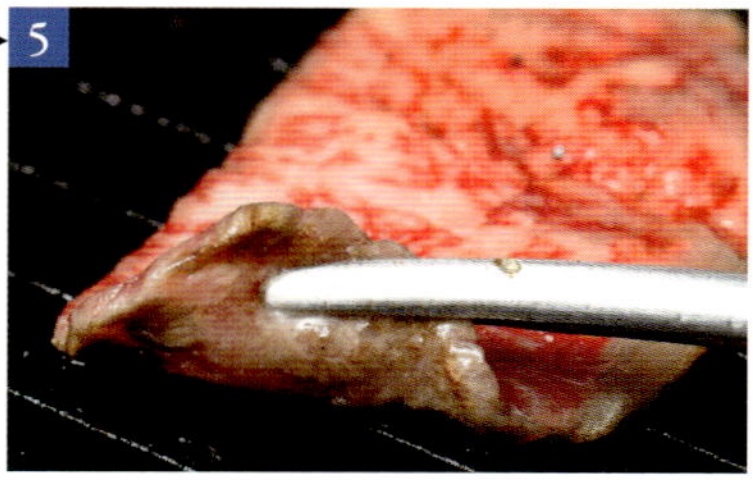

肉の端をトングでチラ見、焼き色変化で裏返し。

▼

裏返して中火エリアに置きます。

▼

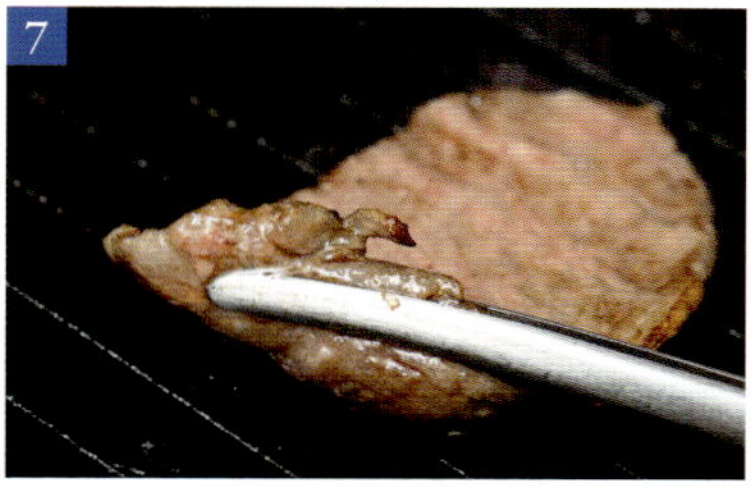

裏面は軽く焼く程度で完成です。

▼

炭火

リブ芯

炭火⑯ リブ芯 リブロース

**美サシの代表格リブ芯。
肉の汗を素早くキャッチして焼く！**

オススメ調味料 ｜ 出汁トロロ、おろしポン酢、すき焼き風卵ダレ

焼きパターン **C**
(脂は多いけど)さらっと肉焼き
中火 → 中火

焼き上がり
ミディアムレア

焼き方 | HOW TO GRILL MEAT

1 まずは生の状態で、ビジュアルを確認。

5 肉の端をトングでチラ見、焼き色変化で裏返し。

2 網に脂を引きます。

6 裏返して中火エリアに置きます。

3 肉の端をトングでつかみ、網の中火エリアに。

7 裏面は軽く焼く程度で完成です。

4 肉にじんわり汗が出てきたら、裏返しのサイン。

焼き上がり

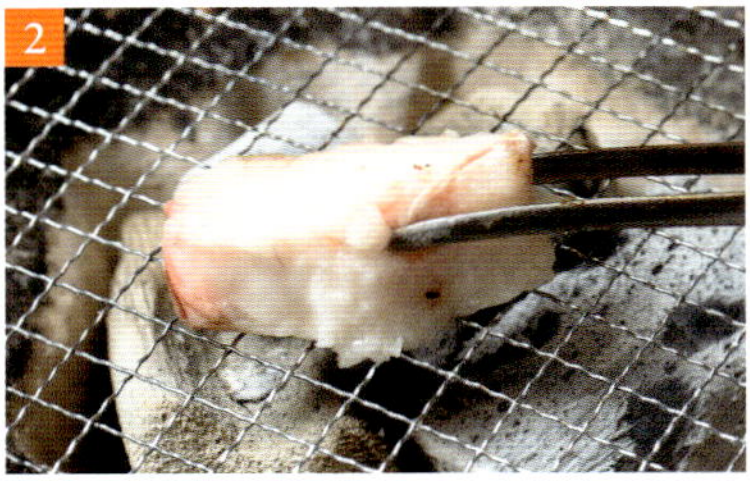

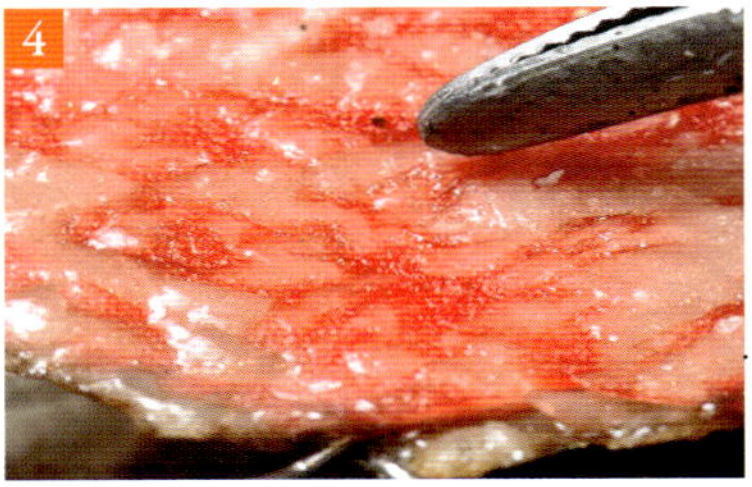

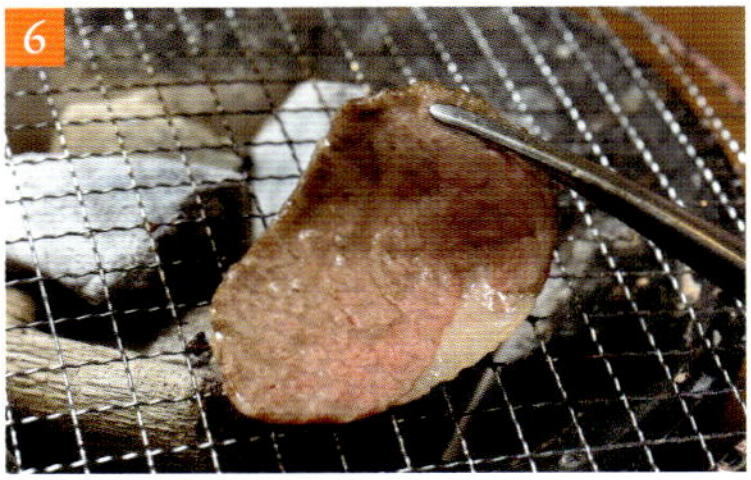

17《ガス》 ネギタン塩 内臓

ネギを蒸すように、サンドして外側カリッと片面焼き！

オススメ調味料 | カボス、スダチ、レモン

焼きパターン G

片面サンド焼き

強火 → 中火
片面だけ焼き固める

焼き上がり

外はミディアムウェル、中はレア

片面のみネギがのる状態、ビジュアルを確認。

▼

鉄板に脂を引きます。

▼

トング二刀流で、肉を鉄板の強火エリアに。

▼

肉にじんわり汗が出てきたら、裏返しのサイン。

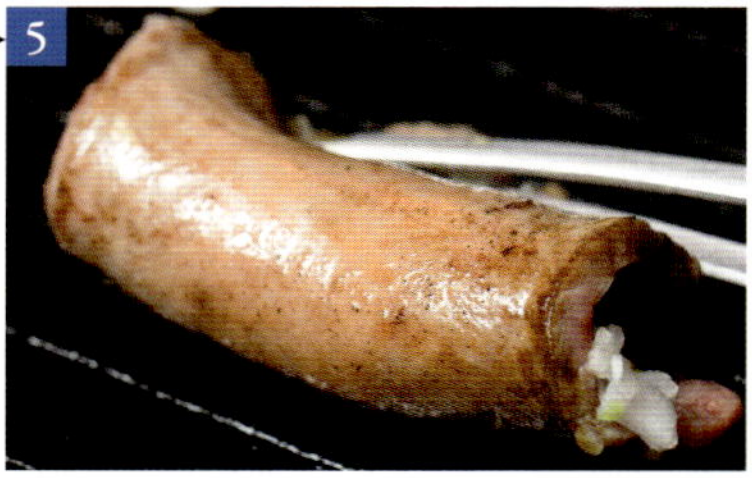

ネギを包みサンドし、片面焼き。

▼

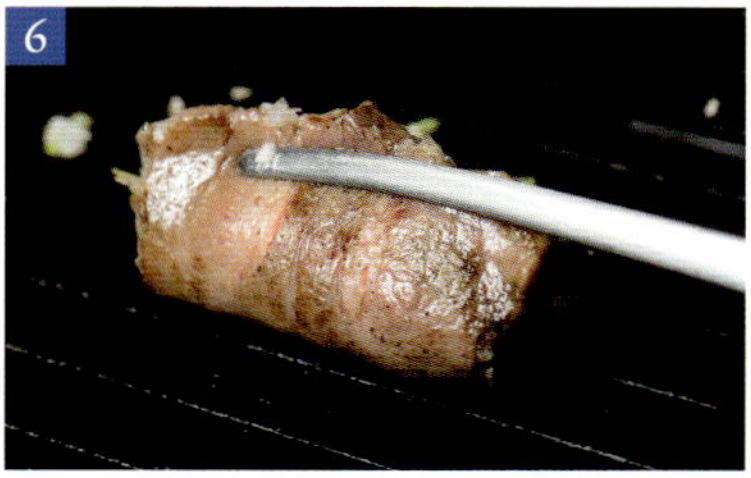

片面の中央、裏面も焦げ目が付くよう焼き固め。

▼

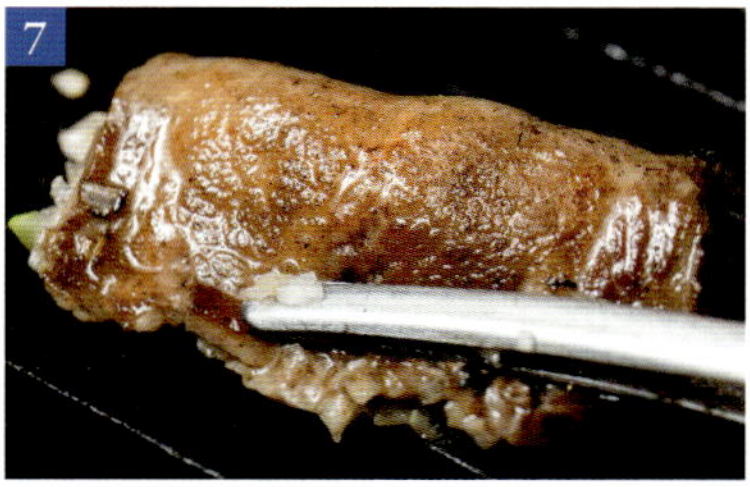

中火エリアで外面をしっかり、中はネギ蒸し焼き。

▼

外はこんがり、中はレア状態で焼き上がり。

炭火 ⑰ ネギタン塩 内臓

2つのトングを自在に操り、ネギタン塩をスマートに焼く

オススメ調味料 | カボス、スダチ、レモン

焼きパターン G
片面サンド焼き
強火 → 中火 ♨♨
♨♨♨ 片面だけ焼き固める

焼き上がり
外はミディアムウェル、中はレア

焼き方 | HOW TO GRILL MEAT

1. 片面のみネギがのる状態、ビジュアルを確認。
▼

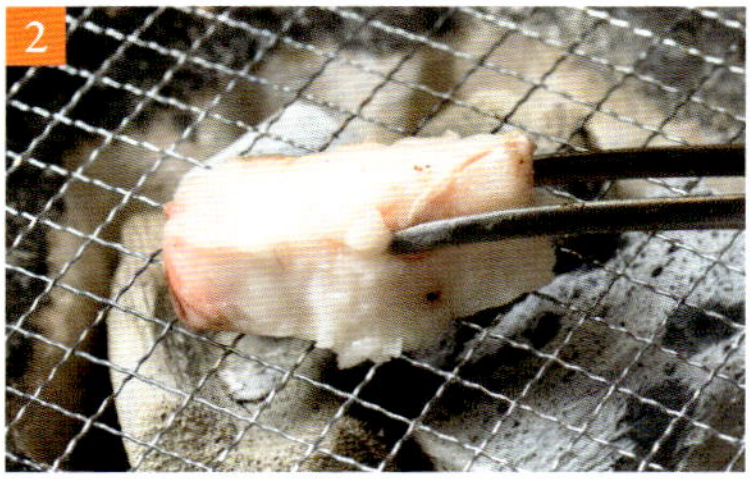

5. ネギを包みサンドし、片面焼き。

2. 網に脂を引きます。
▼

6. 片面の中央、裏面も焦げ目が付くよう焼き固め。
▼

3. トング二刀流で、肉を網の強火エリアに。
▼

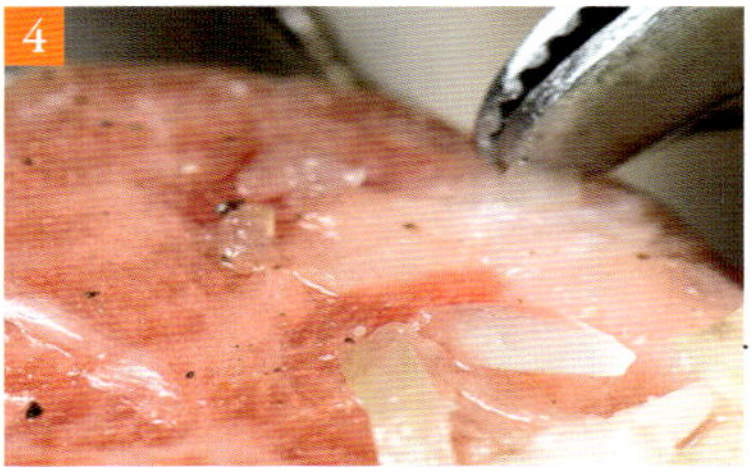

7. 中火エリアで外面をしっかり、中はネギ蒸し焼き。
▼

4. 肉にじんわり汗が出てきたら、裏返しのサイン。

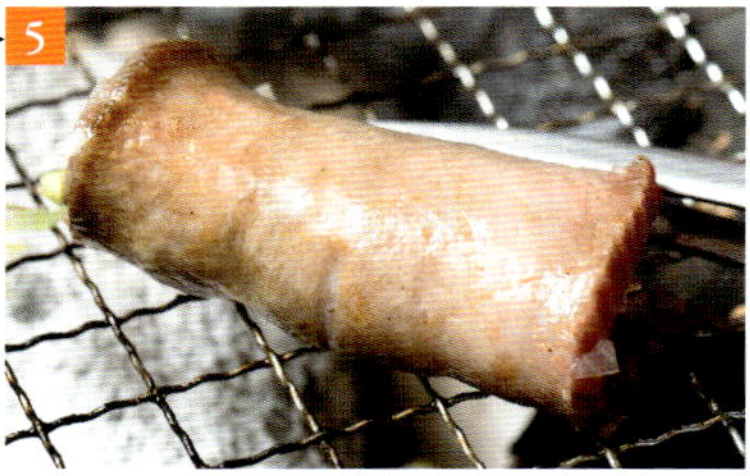

焼き上がり
8. 外はこんがり、中はレア状態で焼き上がり。

18《ガス》 並カルビタレ 外バラ

（インサイドスカート）

豪快ながら巧みな技術が光る まとめ焼きこそ、焼肉の真骨頂

オススメ調味料 ｜ タレ

焼きパターン E

ごっそりまとめ焼き

中火まとめて

焼き上がり

ミディアムレア

1

タレもみこみのビジュアルを確認。

2

鉄板に脂を引きます。

3

全部の肉をトングでつかみ、豪快に中火に放り置き。

4

片面が焼けるまでそっとしておきます。

5

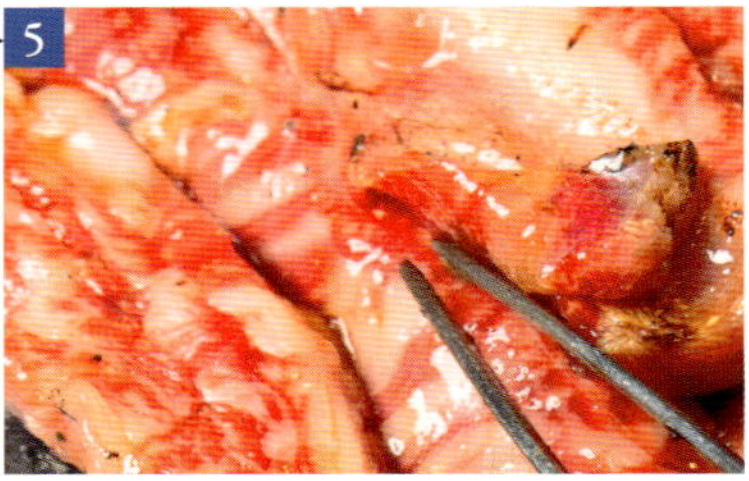

タレ肉は汗が分かりにくい。片面が焼けたら全返し。

6

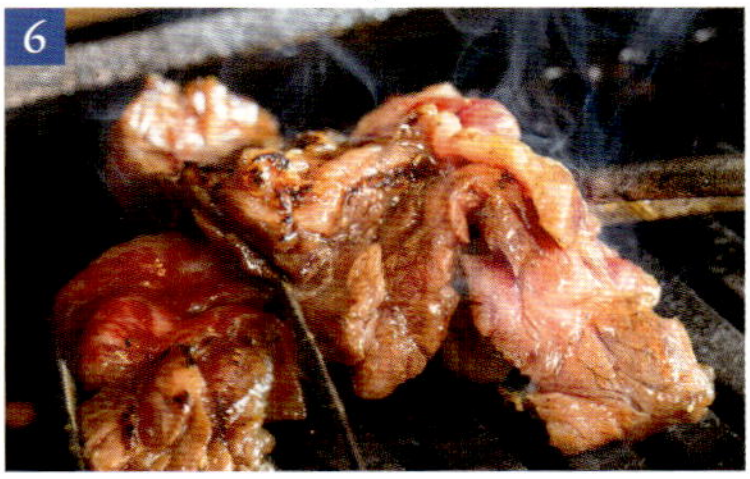

下にある肉を引っ張り出し、上へ上へと回転焼き。

7

全体的に肉の色が変わったら蒸らします。

8

炭火 18

並カルビタレ 外バラ

（インサイドスカート）

カルビの山に空気を入れるよう、やさしくふんわり重ね置く

オススメ調味料 | タレ

焼きパターン E

ごっそりまとめ焼き

中火まとめて

焼き上がり

ミディアムレア

1

タレもみこみのビジュアルを確認。

▼

2

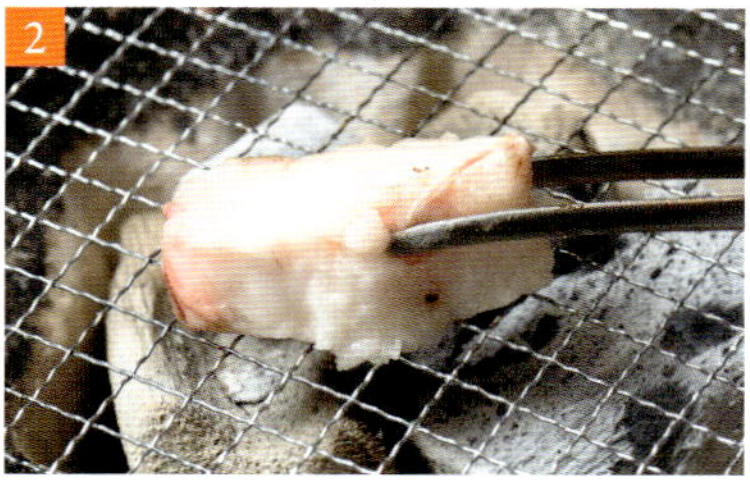

網に脂を引きます。

▼

3

全部の肉をトングでつかみ、豪快に中火に放り置き。

▼

4

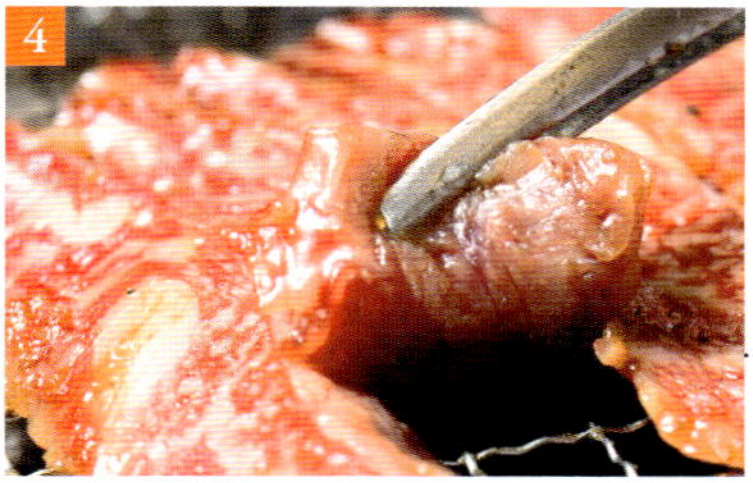

タレ肉は汗が分かりにくいので、じっくり観察。

5

トングで肉を一気に裏返したら、肉を重ねて肉山づくり。

▼

6

下にある肉を引っ張り出し、上へ上へと回転焼き。

▼

7

全体的に肉の色が変わったら蒸らします

▼

8

19《ガス》 ザブトン ローリング巻き巻き 肩ロース

トングでつかんだ肉を巻いたら、肉を鉄板へ押しつけ、焼き目付け

オススメ調味料 | すき焼き風卵ダレ、出汁トロロ

焼きパターン F

ローリング巻き巻き焼き

中火 → 巻き巻き

焼き上がり

外はウェル、中はミディアム

1

まずは生の状態で、ビジュアルを確認。

▼

2

鉄板に脂を引きます。

▼

3

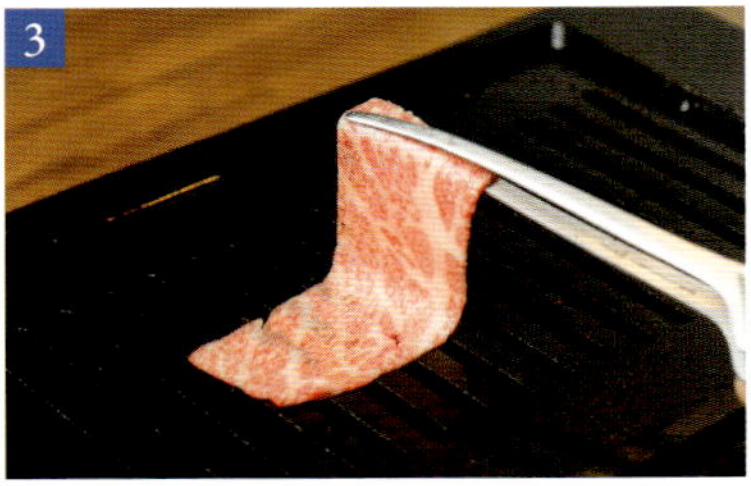

トングで端をつかみ中火エリアに置きます。

▼

4

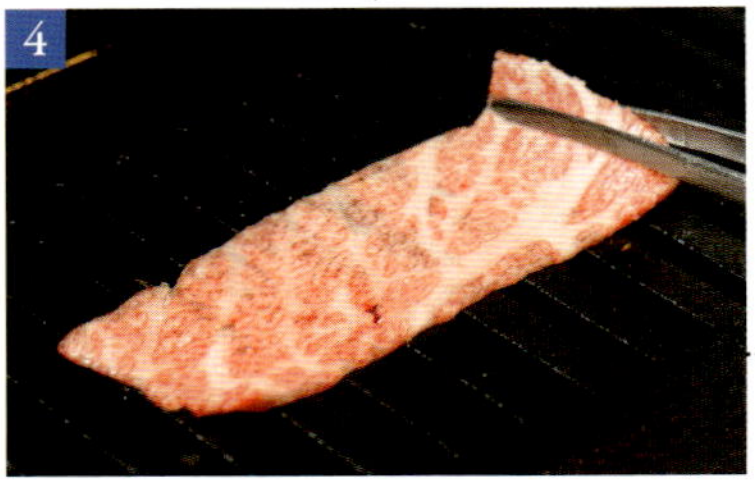

すぐに肉を巻き始める準備をします。

5

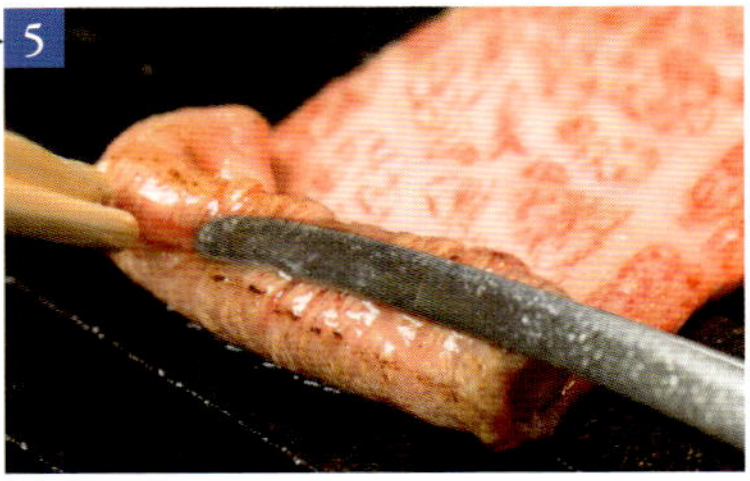

中心部に向かってトングで端から巻きます。

▼

6

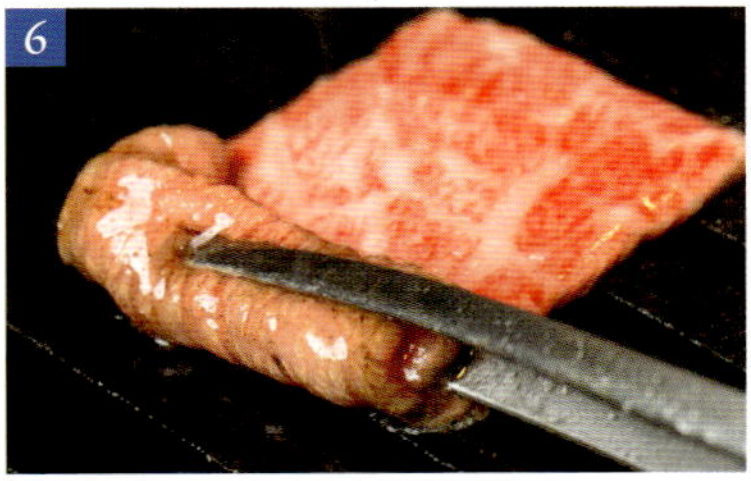

鉄板への接地面を焼き固めるように巻きます。

▼

7

コロコロしてしっかり焼き固めます。

▼

8

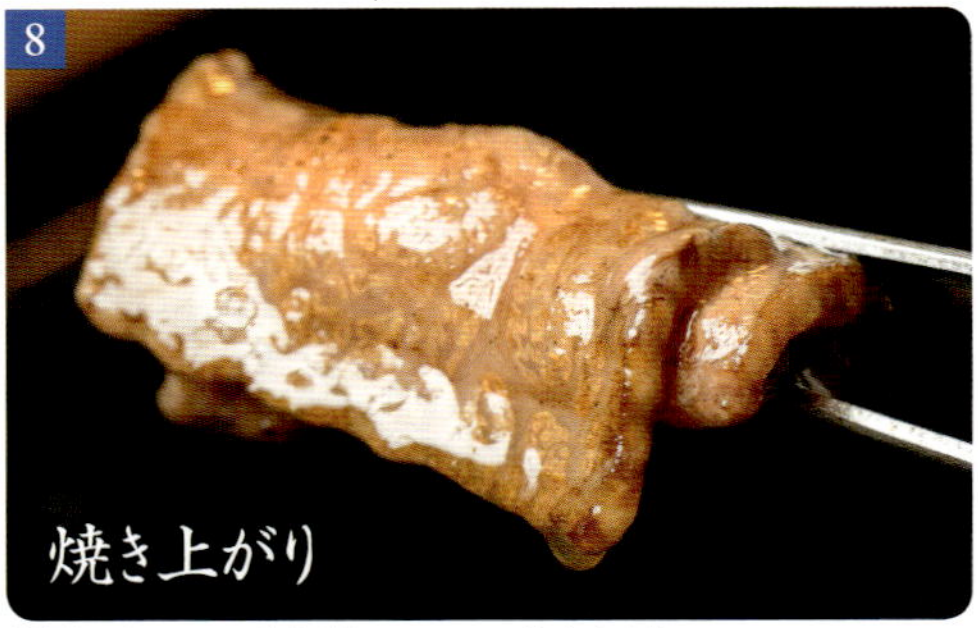

外側はカリッと、中心部はレアめで焼き上がり。

炭火 19 ザブトン ローリング巻き巻き 肩ロース

**外側はカリッと、中はレアで
ジューシーに二度美味しい**

オススメ調味料 | すき焼き風卵ダレ、出汁トロロ

焼きパターン F

ローリング巻き巻き焼き

中火 → 巻き巻き

焼き上がり

外はウェル、中はミディアム

1

まずは生の状態で、ビジュアルを確認。

▼

2
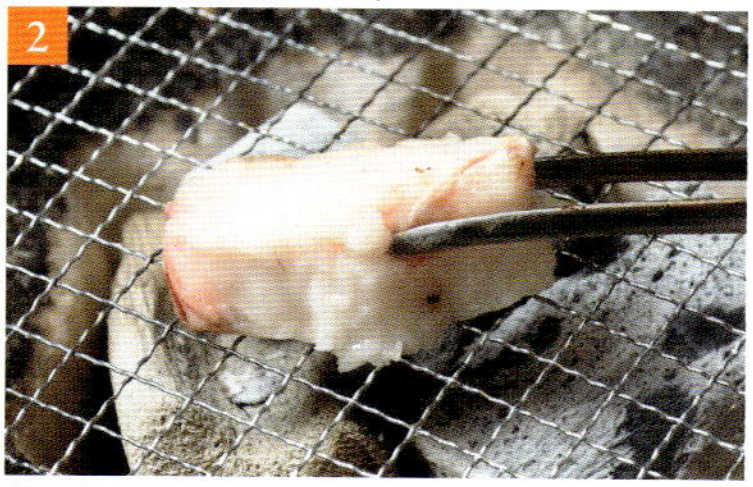
網に脂を引きます。

▼

3

トングで端をつかみ、中火エリアに置きます。

▼

4
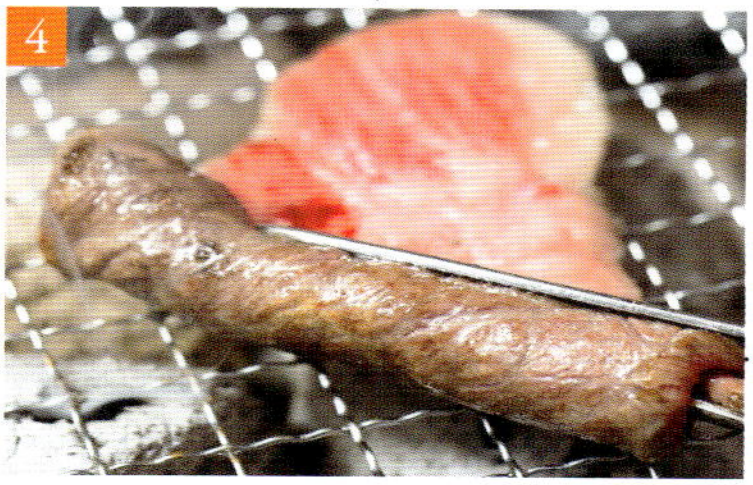
ゆっくり肉を焼き付けるように巻き始めます。

5

中心部に向かってトングで巻き巻きします。

▼

6

網への接地面を焼き固めるように巻きます。

▼

7

コロコロしてしっかり焼き固めます。

▼

8

外側はカリッと、中心部はレアめで焼き上がり。

20《ガス》 ハラミ 内臓

スター部位は両面、側面、縦横全て焼く！しっかり焼きで旨味が増大

オススメ調味料 ｜ 生胡椒、タレたっぷり、塩

焼きパターン H

6面体焼き

強火 → 強火

焼き上がり

ウェル

1

まずは生の状態で、ビジュアルを確認。

▼

2

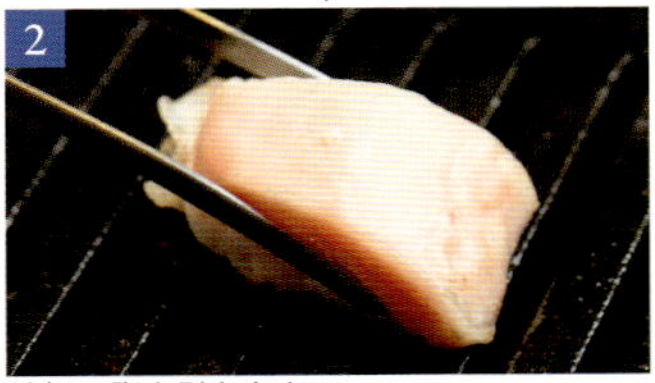

鉄板に脂を引きます。

▼

3

肉の端をトングでつかみ、鉄板の強火エリアに。

▼

4

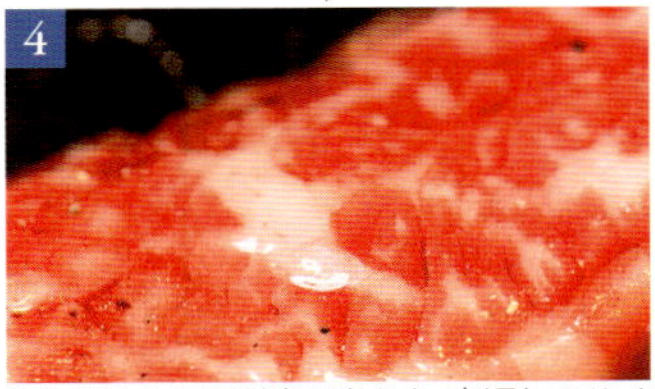

肉にじんわり汁が出てきたら、裏返しのサイン。

▼

5

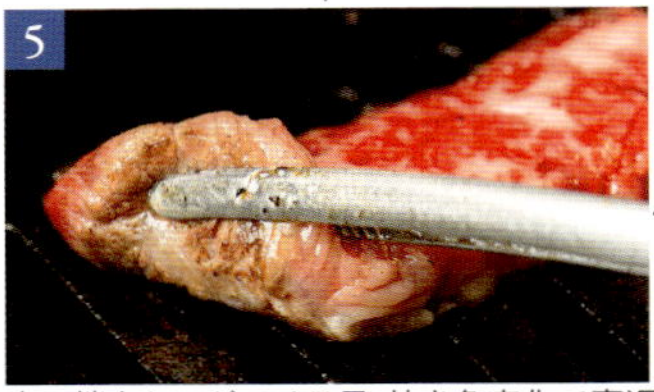

肉の端をトングでチラ見、焼き色変化で裏返し。

6

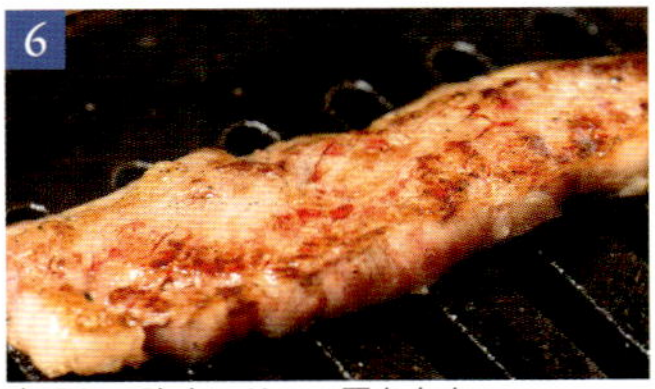

裏返して強火エリアに置きます。

▼

7

側面を焼きます(1)。

▼

8

側面を焼きます(2)。

▼

9

側面を焼きます(3)(4)。
この要領で合計6面焼き上げます。

▼

10

炭火

炭火⑳ ハラミ 内臓

基本はしっかり6面体焼き！
側面は2枚以上重ねると焼きやすい

オススメ調味料 ｜ 生胡椒、タレたっぷり、塩

焼きパターン H

6面体焼き
強火 → 強火

焼き上がり
ウェル

焼き方 / HOW TO GRILL MEAT

1 まずは生の状態で、ビジュアルを確認。
▼

2 網に脂を引きます。
▼

3 肉の端をトングでつかみ、網の強火エリアに。
▼

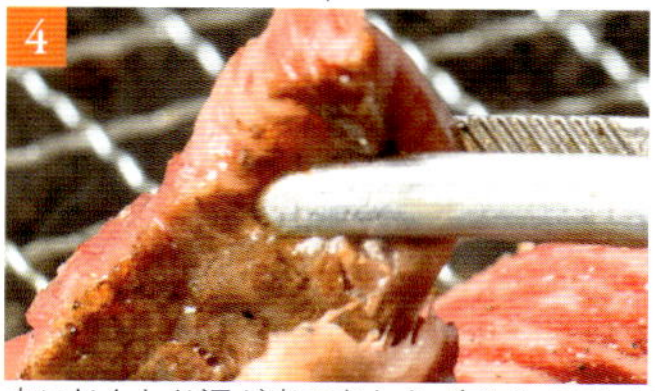

4 肉にじんわり汗が出てきたら、裏返しのサイン。
▼

5 肉の端をトングでチラ見、焼き色変化で裏返し。

6 裏返して強火エリアに置きます。
▼

7 側面を焼きます(1)。
▼

8 側面を焼きます(2)。
▼

9 側面を焼きます(3)(4)。
この要領で合計6面焼き上げます。
▼

10 焼き上がり

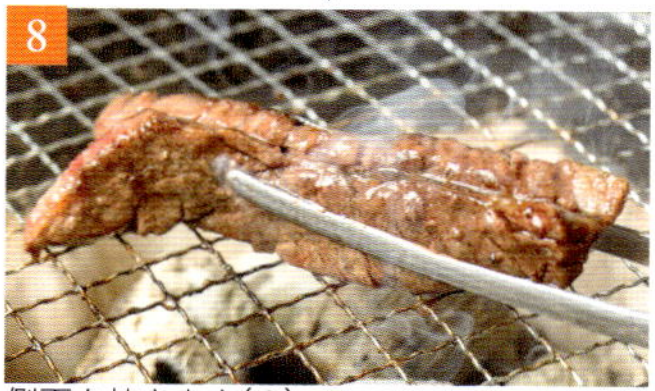

ガス

21 シマチョウ 内臓

肉の置き場所に注意して、仕上げはコロコロ焼き！

オススメ調味料 ｜ 塩胡椒、タレ

焼きパターン Ⅰ

コロコロ転がしフランベ焼き

強火 → 中火 → 弱火 → 強火

焼き上がり

ミディアムウェル

1

まずは生の状態で、ビジュアルを確認。

▼

2
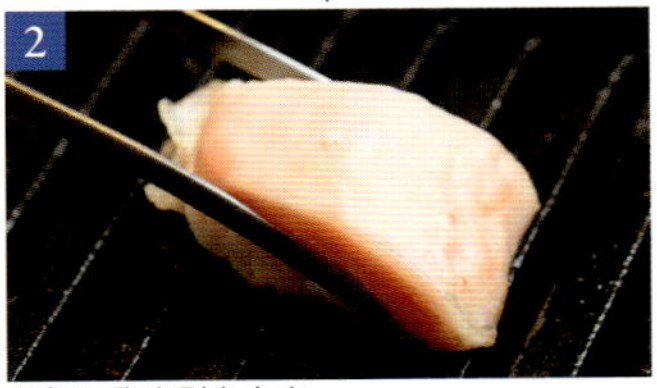
鉄板に脂を引きます。

▼

3
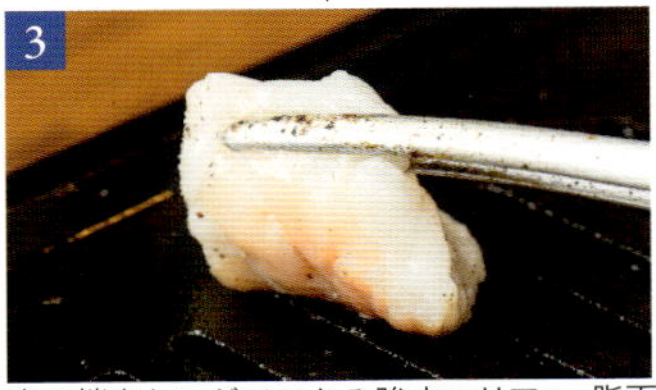
肉の端をトングでつかみ強火エリアへ、脂面は上。

▼

4

表面がぷっくり膨らんできたら裏返しの合図。

▼

5

肉の端をトングでチラ見、焼き色変化で裏返し。

6

中火エリアにコロコロ転がし移動。

▼

7

側面が焼けてきたので返します。

▼

8

弱火エリアへ移動、トングでコロコロ焼き。

▼

9

仕上げに強火エリアへ移動します。

▼

10

焦げ目が付くくらいで焼き上がり。

炭火

炭火 ㉑ シマチョウ 内臓

焼き上がりは脂を楽しみたい！
火の強中弱を移動しながらコロコロ焼く

オススメ調味料 ｜ 塩胡椒、タレ

焼きパターン ❶
コロコロ転がしフランベ焼き
強火 → 中火 → 弱火 → 強火

焼き上がり
ミディアムウェル

焼き方 — HOW TO GRILL MEAT

1 まずは生の状態で、ビジュアルを確認。

2 網に脂を引きます。

3 肉の端をトングでつかみ強火エリアへ、脂面は上。

4 中の脂がぷっくり膨らんできたら裏返しの合図。

5 側面を転がしてチラ見、焼き色変化で裏返し。

6 中火エリアにコロコロ転がし移動。

7 側面が焼けてきたので返します。

8 弱火エリアへ移動、トングでコロコロ焼き。

9 仕上げに強火エリアへ移動し、フランベします。

10 焼き上がり
焦げ目が付くくらいで焼き上がり。

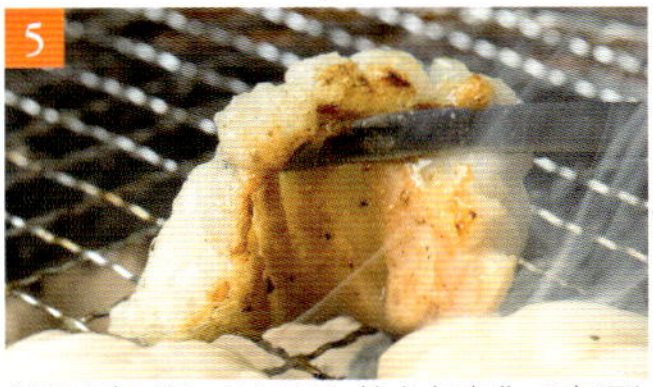

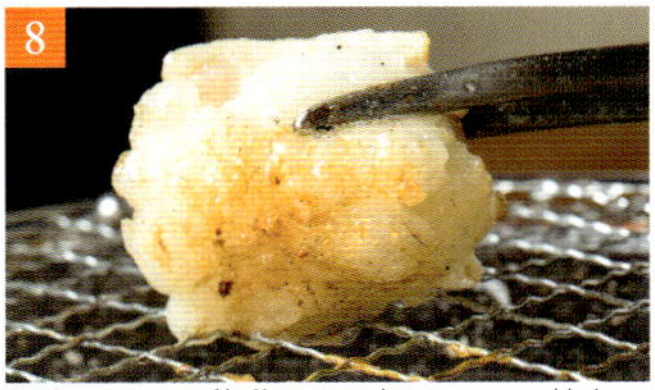

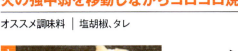

22《ガス》 マルチョウ 内臓

腸壁にとじこめた脂が膨らんだら コロコロし、仕上げにフランベする

オススメ調味料 ｜ 塩胡椒、タレ

焼きパターン Ⅰ

コロコロ転がしフランベ焼き

強火 → 中火 → 弱火 → 強火

焼き上がり

ミディアムウェル

まずは生の状態で、ビジュアルを確認。

▼

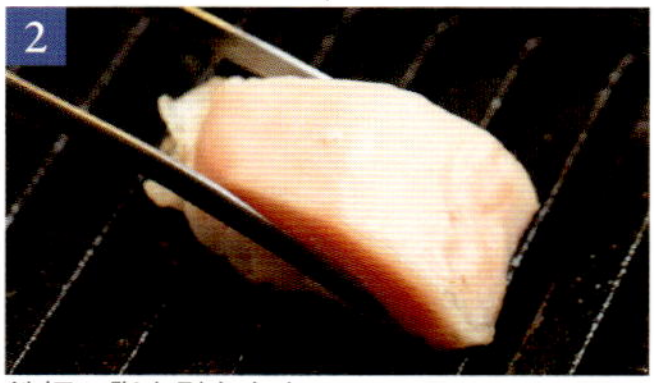

鉄板に脂を引きます。

▼

肉をトングでつかみ、強火エリアに。

▼

中の脂がぷっくり膨らんできたら裏返しの合図。

▼

側面を転がしてチラ見、焼き色変化で裏返し。

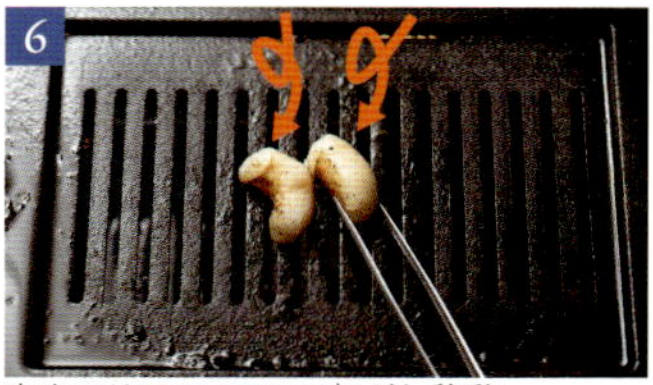

中火エリアにコロコロ転がし移動。

▼

側面が焼けてきたので返します。

▼

弱火エリアへ移動、トングでコロコロ焼き。

▼

仕上げに強火エリアへ移動し、フランベします。

▼

焦げ目が付くくらいで焼き上がり。

炭火

炭火22 マルチョウ 内臓

焼き過ぎ注意！脂の内部まで火が入るように転がして焼く

オススメ調味料 ｜ 塩胡椒、タレ

焼きパターン
コロコロ転がしフランベ焼き
強火 → 中火 → 弱火 → 強火

焼き上がり
ミディアムウェル

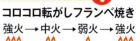

焼き方 | HOW TO GRILL MEAT

1. まずは生の状態で、ビジュアルを確認。

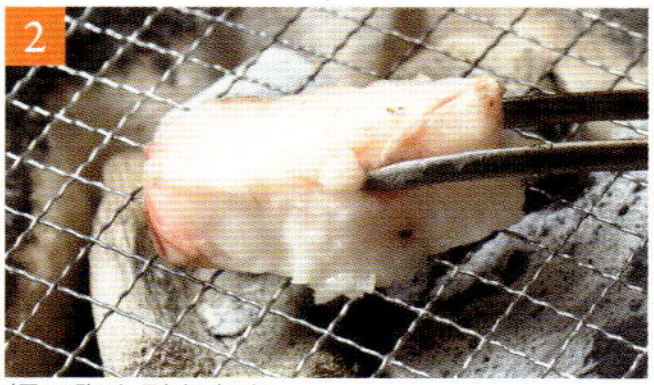

2. 網に脂を引きます。

3. 肉をトングでつかみ、強火エリアに。

4. 表面がぷっくり膨らんできたら裏返しの合図。

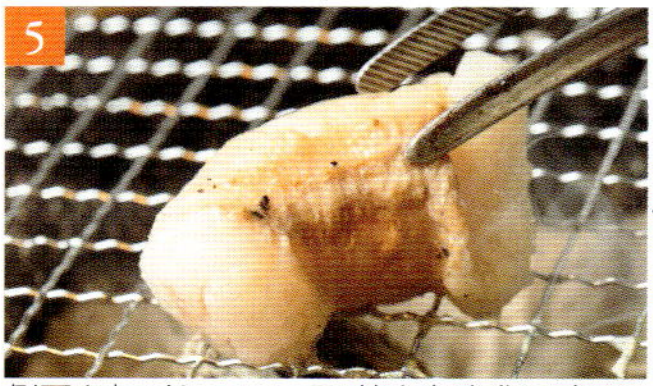

5. 側面を転がしてチラ見、焼き色変化で裏返し。

6. 中火エリアにコロコロ転がし移動。

7. 側面が焼けてきたので返します。

8. 弱火エリアへ移動、トングでコロコロ焼き。

9. 仕上げに強火エリアへ移動します。

10. 焼き上がり
焦げ目が付くくらいで焼き上がり。

ガス 23

ギアラ 内臓

（第4胃袋）

焼き始めは動かさない！ 徐々に転がし、少し焦げ目が付いたら食べ頃

オススメ調味料 ｜ 塩胡椒、タレ

焼きパターン ❶

コロコロ転がしフランベ焼き

強火→中火→弱火→強火

焼き上がり

ミディアムウェル

1

まずは生の状態で、ビジュアルを確認。

▼

2

鉄板に脂を引きます。

▼

3

肉の端をトングでつかみ強火エリアへ、脂面は上。

▼

4

表面がぷっくり膨らんできたら裏返しの合図。

▼

5

肉の端をトングでチラ見、焼き色変化で裏返し。

6

中火エリアにコロコロ移動。

▼

7

側面が焼けてきたので返します。

▼

8

弱火エリアへ移動、トングでコロコロ焼き。

▼

9

仕上げに強火エリアへ移動します。

▼

10

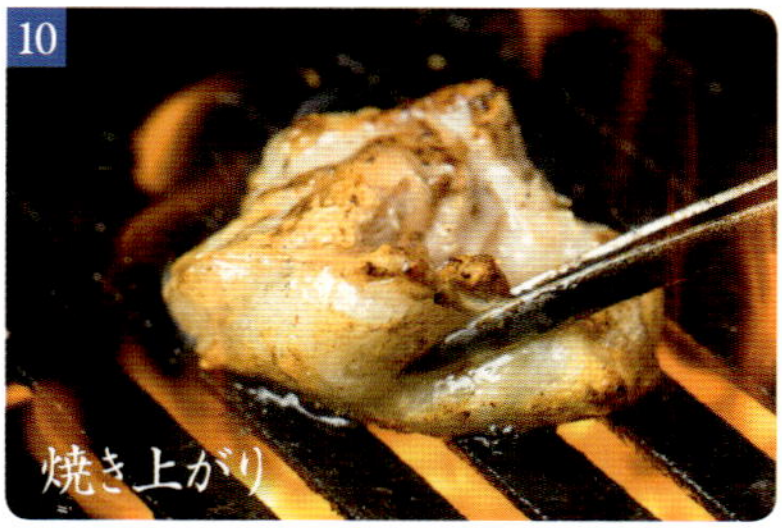

焦げ目が付くくらいでフランベして焼き上がり。

炭火 23

ギアラ 内臓
（第４胃袋）

ファイヤーしたら氷で即対応！怖がらず、カリッと焼き上げる

オススメ調味料 ｜ 塩胡椒、タレ

焼きパターン Ⅰ

コロコロ転がしフランベ焼き

強火 → 中火 → 弱火 → 強火

焼き上がり

ミディアムウェル

まずは生の状態で、ビジュアルを確認。

▼

網に脂を引きます。

▼

肉の端をトングでつかみ強火エリアへ、脂面は上。

▼

表面がぷっくり膨らんできたら裏返しの合図。

▼

肉の端をトングでチラ見、焼き色変化で裏返し。

中火エリアにコロコロ移動。

▼

側面が焼けてきたので返します。

▼

弱火エリアへ移動、トングでコロコロ焼き。

▼

仕上げに強火エリアへ移動します。

▼

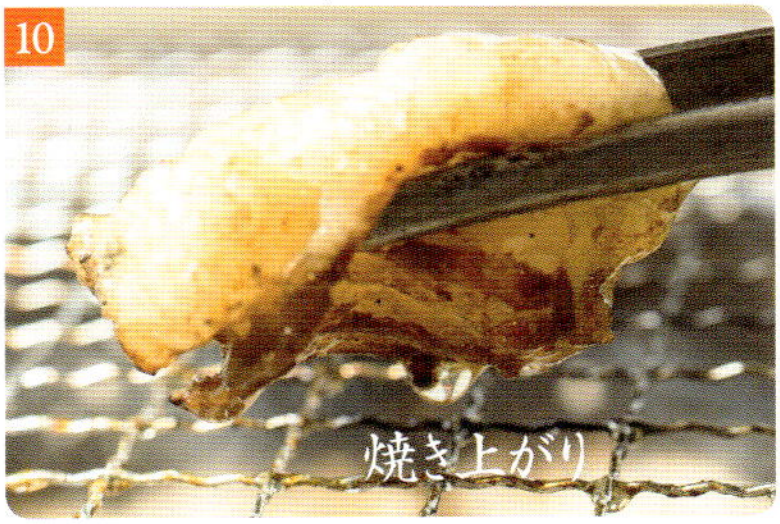

焦げ目が付くくらいでフランベして焼き上がり。

ガス 24 ミノ 内臓
（第1胃袋）

包丁の切れ目がある方を上に、側面の半分乾いてきたら裏返し時

オススメ調味料 | 青唐辛子ダレ、塩胡椒、タレ

焼きパターン I

コロコロ転がしフランベ焼き

強火 → 中火 → 弱火 → 強火

焼き上がり

ミディアムウェル

1 まずは生の状態で、ビジュアルを確認。

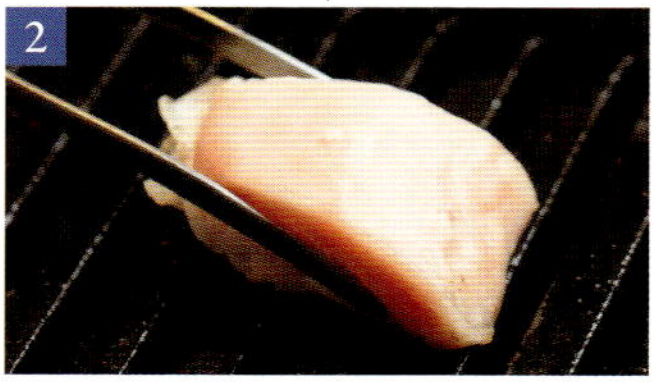

2 鉄板に脂を引きます。

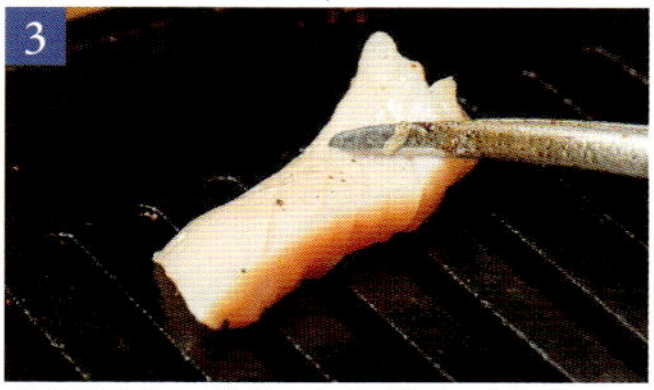

3 肉の端をトングでつかみ、強火エリアに。

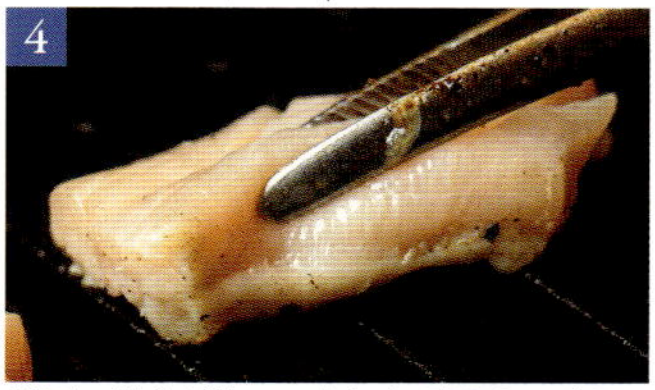

4 側面の半分が乾いてきたら、裏返しの合図。

5 肉の端をトングでチラ見、焼き色変化で裏返し。

6 中火エリアに移動。

7 側面が焼けてきたので返します。

8 弱火エリアへ移動、トングでコロコロ焼き。

9 仕上げに強火エリアへ移動します。

10 焦げ目が付くくらいで焼き上がり。

炭火

（ミノ（第1胃袋））

炭火 24 ミノ 内臓
（第1胃袋）

裏返し後は、中火エリアを囲むように円形配置で、ゆっくり火入れ！

オススメ調味料 ｜ 青唐辛子ダレ、塩胡椒、タレ

焼きパターン ①
コロコロ転がしフランベ焼き
強火 → 中火 → 弱火 → 強火

焼き上がり
ミディアムウェル

焼き方 ― HOW TO GRILL MEAT

1 まずは生の状態で、ビジュアルを確認。

2 網に脂を引きます。

3 肉の端をトングでつかみ、強火エリアに。

4 側面の半分が乾いてきたら、裏返しの合図。

5 肉の端をトングでチラ見、焼き色変化で裏返し。

6 中火エリアに移動。

7 側面が焼けてきたので返します。

8 弱火エリアへ移動、トングでコロコロ焼き。

9 仕上げに強火エリアへ移動します。

10 焼き上がり

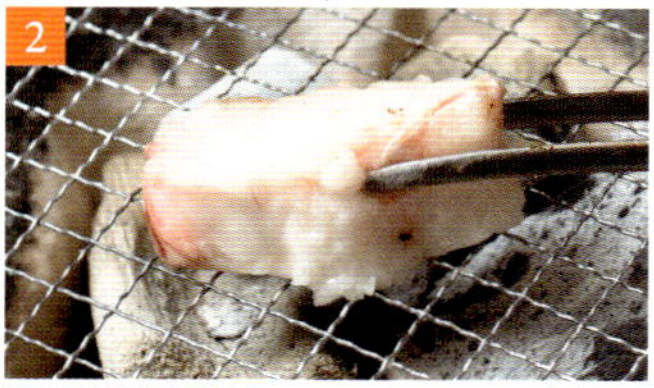

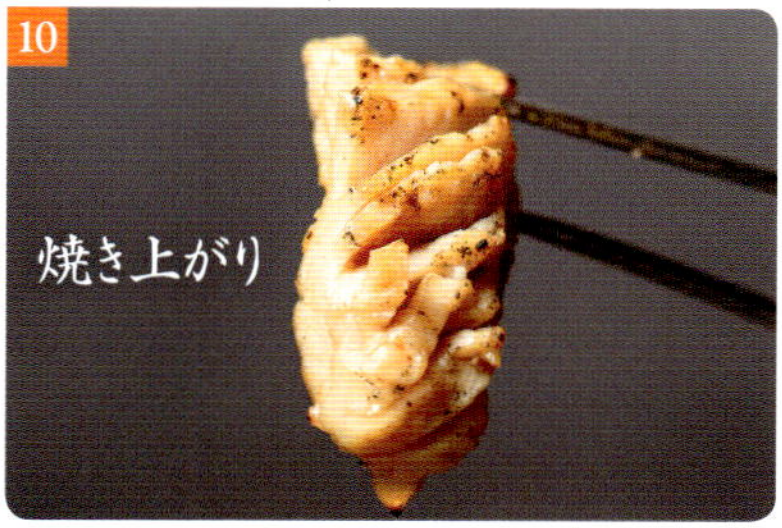

焦げ目が付くくらいで焼き上がり。

秘技・網回しと網ズラし、ファイヤー注意報

温度調整に便利な網技と、網交換のタイミング

網を自在に操り、自分好みの温度にする網ズラし！

タレ→塩、塩→タレと味が変わる時に、網交換！

温度調整が困難な炭火。イザという時のために網に関する便利技をご紹介します。

七輪に炭を置く位置で、温度にバラつきが出ます。そんな時は秘技・網回しと網ズラしが有効です。網回しは網に箸かトングを突っ込み、円に沿って回転させ、温度調整する技。網ズラしは、円形の七輪の外に網をズラし、超弱火スペースをつくる技です。

網交換のタイミングも重要で、タレ→塩、塩→タレと味が変わる時は必須です。網交換が遅れると黒い焦げが網に付き、苦みの元になります。

網交換後は、火が網に十分なじんで温まってから、肉焼きに入りましょう。

ファイヤーしたら慌てず騒がず、氷を投入して肉を救出する

ホルモンを焼く時は、氷をスタンバイさせる！

肉談議に花が咲き、油断した時に限り、焼き台から炎が上がり、燃え盛る炎に包まれる肉を呆然と眺めたことないですか？特に脂の多いホルモンを焼いている時。

こんな時は慌てず騒がず、火だるま肉の鎮火に向けて対処します。あらかじめ、氷を準備して網や鉄板に置くだけです。冷静な対処で、焼肉奉行としての株がさらに向上します。

達人・激オススメの
焼肉店 41店

「これを食え!」のメニュー付き!

私がこれまで訪問した焼肉店で、サプライズに恍惚し、
厚切り肉に狂喜乱舞し、斬新な食べ方に悶絶し、
コスパに驚愕した様々なシーンで活用できる店をご紹介します。
しかもおススメ、「これを食え！」のメニュー付きです。

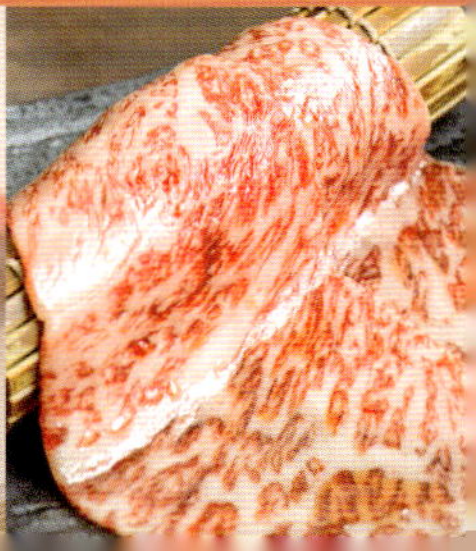

CROSSOM MORITA

（クロッサム モリタ）

（鶯谷）

デート、肉好きの会、肉のリテラシーを上げたい人向き

六花界グループの最高峰、一度でいいから行ってみたい！焼肉屋を超えた新感覚劇場型肉懐石

待ち合わせはJR鶯谷駅北口。お店スタッフに誘導されて到着するのは、マンションの入り口。この待っている数分で、ワクワク感は頂点に。ドアオープンから始まるエンターテイメント焼肉。ここからは料理の感想以外の私語は厳禁です。まずは、オープンキッチン前のカウンターで、スタンディングから森田氏のプレゼンと食事がスタートします。これは六花界の「初花一家」のライブ感を大事にするスタイルを踏襲しています。ライブを共有することにより、一体感が生まれます。後半戦はテーブルに着座しての焼肉がスタートです。エデュケーション、エクスペリエンス、テクノロジーを軸に日本酒と和食、そして焼肉。ストーリーと一緒に食事を味わうスタイルです。2時間後、感動と共に肉のリテラシーが向上しています。ただし、写真撮影も禁止ですので、心のシャッターを押しまくること間違いなしです。料理は焼肉も合わせて20品程度、１４、０００円です。

Yakiniku Journeyの独り言

超予約困難店。予約の取り方は、六花界に通いつめ、「行きたい」アピールをすること。まずは常連と友達になることをオススメします。いきなりクロッサムに行くより、ヒエラルキーの六花界から上がっていく方が、経験の階段を積める分、おもしろい。

POINT 1 スタンディング焼肉のパイオニア[六花界]、日本酒肉割烹[吟花]、会員制熟成肉バル[五色桜]、会員制焼肉屋[初花一家]、新店[TRYLIUM]の六花界グループヒエラルキーの頂点。

POINT 2 エデュケーション、エクスペリエンス、テクノロジーを軸に日本酒と和食を繋いでいく、焼肉の未来を創造する裏ボス・森田隼人氏。

SHOP DATA

CROSSOM MORITA（クロッサム モリタ）

［住所］ 非公開

［電話］ 非公開

［平均予算］ 14,000円

これを食え──❶

その美しさにテンション上がる!

スモークのシャトーブリアン

そのままでも旨いシャトーブリアンを40〜60日熟成し、旨味を極限まで凝縮させました。さらにスモークさせており、見た目、香りも美しい一品。シャトーブリアンは、ヒレ肉の中で、血液の含有量が高く、筋繊維が柔らかい部位。表面を焼くことで、中に肉汁が閉じ込められ、これに山葵と桜の香りを入れることで完成。

これを食え──❷

癖のなさに驚く!
厚切り赤身肉の正体は!?

鹿肉と栗のソース

全く癖のない赤身の鹿肉。店主が毎年、釧路湿原で猟に参加して得たルートの中で獲られた鹿を栗のソースで頂きます。山のモノには山のソースを合わせます。

これを食え──❸

桃と柿と林檎の香りで口内調理

プラリネッタ

スポイトが石に刺さったような料理です。牛自体は塩分とミネラルを多く取るので、食べる時は、牛に糖分を足して旨味を引き上げます。ランプ肉を頬張った後に、スポイトに入っている桃と柿と林檎のソースを合わせることで、口の中で焼肉が完成します。見た目、香りも味わう驚愕の一品。

※お料理は全て14,000円のコース内。

暗闇に浮かびあがるテーブルが妖艶。同時にこれまで感じたことのないワクワク感が湧き上がります。エデュケーション、エクスペリエンス、テクノロジーを最たる形にしたのが、このプロジェクションマッピングで楽しめる2階シェフズテーブル。さぁ、モリタ劇場の始まりです。

乾杯と同時にプロジェクションマッピングが早変わり。「溶岩をイメージして特別に焼いてもらったお皿で、中心にリゾットが入っています」という説明の後は、周囲一面、一気に燃え盛る炎に。五感で楽しめる演出と料理に感動を覚えます。

日本酒の麹菌で肉を熟成する唯一の店

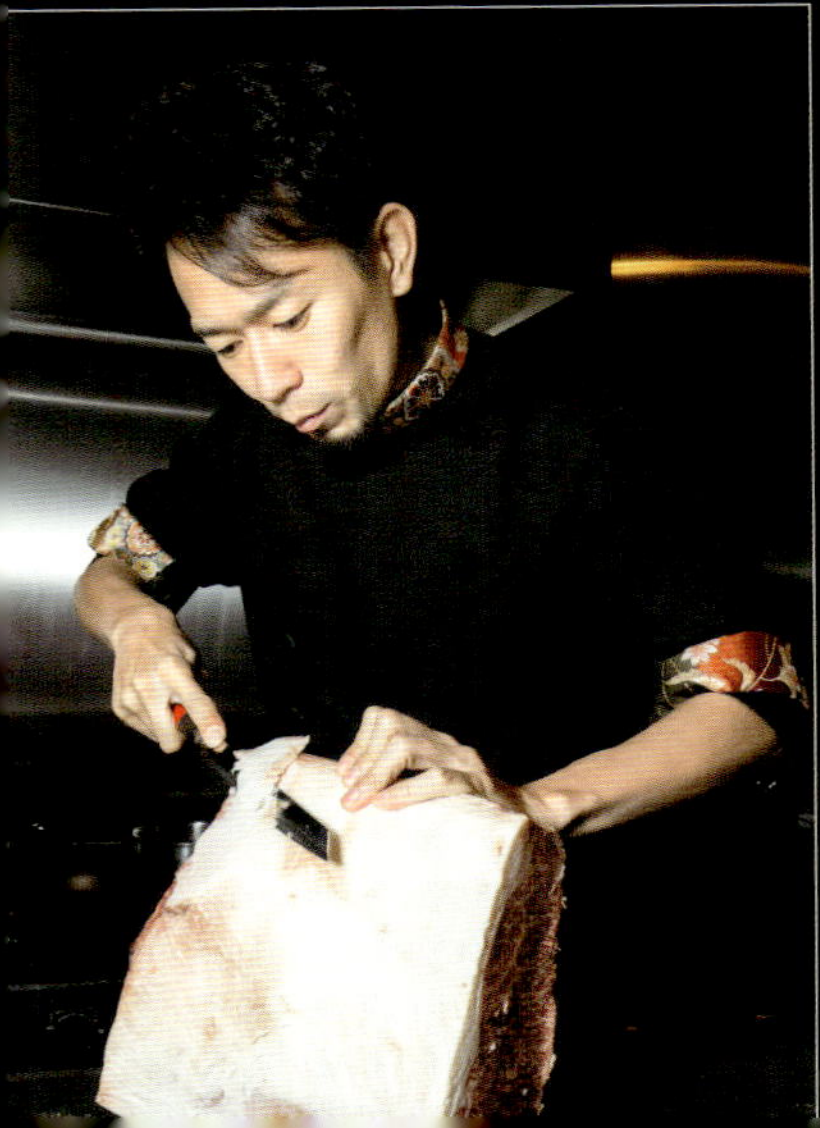

焼肉と日本酒のペアリングを先駆けた焼肉業界の若きカリスマ。「CROSSOM MORITA」では、日本酒に合う究極の肉を追求した結果、自ら「日本酒吟醸熟成肉（特許庁商標権取得済)」をつくり上げ、日本酒の麹菌で肉を熟成させられる唯一のお店になりました。また、日本酒吟醸熟成肉のミートキープもしています。これは、1年間限定で肉をボトルキープするようなものです。日本初の全方位型プロジェクションマッピングと和牛を融合させた「CROSSOM MORITA」という焼肉屋を超えた新感覚エンターテイメント肉懐石をつくり上げた、時代の半歩先行く注目の人。六花界に始まり、CROSSOMは 十 花 ＝CROSS＋BLOSSOM、新店舗のTRYLIUM（トライリウム）まで、全て数字が入るのも森田氏らしい遊び心。

これを食え――④

熟成タンとディープキッス!?

日本酒麹菌の熟成タン

麹菌で熟成させたタン。ゆっくり熱を入れて、ふっくら焼き上がったタンは、まるでディープキッスをしているよう。クシャという、そこに全部の旨味を閉じ込めて、噛んだ瞬間に全ての旨味が放出されるよう計算されています。45〜60日熟成。24〜28歳の女性の唇をイメ―ジしましょう。

これを食え――⑤

美しすぎて、
食べるのがもったいない！

レバーの再構築

レバーの新しい食べ方の提案。レバーの筋膜自体を剥がして、ポートワインとゼラチンと筋膜を合わせて、上の皮をつくります。レバー自体は絹漉しして、固めて味付ける、まさに再構築の一品です。

※季節によってメニュー変更あり。今回は秋メニュー。

THE WAGYUMAFIA PROGRESSIVE KAISEKI

（ワギュウ マフィア プログレッシブ カイセキ）

（エリア非公開）
接待、デート向き

堀江貴文氏と和牛商の浜田寿人氏が運営する会員制和牛割烹。客の前で披露されるライブ磨きが圧巻

会員制和牛割烹として2016年9月グランドオープン。堀江貴文氏、浜田寿人氏の2人の和牛を知り尽くしたマフィアが、和牛の美味しさと楽しさを伝える目的でつくられた、肉好きの肉好きによる肉好きのためのショーケース型、和牛肉割烹。それがWAGYU MAFIAです。

メニューとして提供される選び抜いた和牛の銘柄は、神戸ビーフ、但馬牛、尾崎牛など、全国20の契約しているトップ生産者から直接購入。特に肥育農家にこだわって仕入れています。

月ごとに野菜を含めて料理内容を替えており、MAFIAも唸った肉料理を10～11品楽しめます。

お金に余裕があれば、30、000円のコースを頂きたい。ライブ磨き（部位の解体）が体感でき、肉塊から食べられる肉にするところまで余すことなく、目にすることができます。ヒレの塊を6部位に分解する、永山シェフの包丁さばきが圧巻。

Yakiniku Journeyの独り言

会員制なので、まずは会員になることからスタートです。神戸ビーフのチャンピオン牛を落札した等、きっかけがある時にクラウドファンディングで会員権を追加発行します。

POINT 1 コースが2種類あります。プログレッシブ懐石（15,000円）、神戸牛ヒレ ライブ磨き（30,000円/8名より）。

POINT 2 和牛道20年の料理人、永山俊志氏のライブ磨き（部位の解体）は圧巻。

SHOP DATA

THE WAGYUMAFIA PROGRESSIVE KAISEKI

［住所］ 非公開
［電話］ 非公開
［平均予算］ 15,000円と30,000円のコース
［焼台］ 炭火

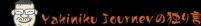

これを食え──❶

尾崎牛×赤酢のシャリ×
生胡椒のインパクト

尾崎牛の握り カンボジア産の生胡椒

コースの最初に登場するのがこの握りです。神戸ビーフの堆肥でつくられた米を丹波篠山から取り寄せて、拘りの赤酢と共につくりあげるパンチの効いたシャリ。肉は、サシが入っていて柔らかい部位（ザブトン、トモサンカク、ミスジ等）とのハーモニーが絶妙。ふわっと、香り高いカンボジア産の生胡椒と共に。15,000円のコース内。

これを食え──❷

まずはお肉のみで味わって！

但馬牛リブマキのグリル

メインで登場するグリル。まずは何もつけずにお肉のみを味わってもらいたい。2口目からは、お肉の味を引き立てるモンゴルの岩塩、マレーシアの黒胡椒、北海道産の山葵、丹波篠山産の実山椒の醤油漬けと頂く。15,000円のコース内。仕入れ状況によって部位は変更あり。

永山俊志総料理長のライブ磨き（部位解体）により、姿を現すのは、ヒレ肉の中心部位で、最高峰のシャトーブリアン。これが、グリルに、分厚いカツサンドに姿を変えて登場！

正泰苑総本店で修業し、目利きとカット技術に定評のある氏が、浜田氏、堀江氏と出会う。WAGYU MAFIAに参画して、総料理長として存分に腕を振るう。

肥育農家にこだわり、仕入れ ライブ磨きは、神戸牛を

ヒレの解体により、①ヒレ耳、②テイト、③シャトーブリアン、④フィレ、⑤トルヌド、⑥フィレミニヨンの6部位が姿を現します。牛全体の1%がフィレで、その10%がシャトーブリアンです。ライブ磨きによって削った不可食部分の多さに驚きを隠せません。

これを食え――③

内臓が抜群に旨い
尾崎牛の贅沢串に悶絶

尾崎牛の牛串

コースの中盤に登場するのは、国内外のイベントで食通を唸らせてきた尾崎牛の牛串。割烹の流れを感じてもらった上での変化球として登場。通常、指定して仕入れることができない尾崎牛の内臓はWAGYUMAFIAならではの独自ルートで仕入れており、新鮮で超絶美味。部位により、塩味とタレ味の小腸とハツと軟骨入りつくねを炭火焼きで、頂きます。15,000円のコース内。予約の際に確認を。

これを食え――④

信じられない柔らかさ！

神戸ビーフのシャブカツサンド

食事の最後を飾るのは、牛一頭から0.1％しか取れない超希少なシャトーブリアンを使用した、厚さ2㎝のカツサンド。カツの衣が薄く、驚きの柔らかさのシャトーブリアンの美味しさをダイレクトに感じられます。30,000円のコースのみ。仕入れ状況によって部位は変更あり。

炭火焼肉 なかはら

（市ヶ谷）
接待、デート向き

注文を受けてからの手切りカットは、職人技が光る! 肉の旨さを極限まで引き出す名店

厚さは0.2㎜、カットの方向が違うだけで、食感が全く違ってくるからこそ、注文を受けてからの手切りにこだわるのが、中原健太郎店主。全ての肉は、スタッフが焼いてくれますが、別名「アリーナ席」と呼ばれるカウンター席は、店主自ら焼く予約必須のプラチナシート。

　今はコース仕立てで3種類。幻のタン、ホルモン含む肉7種のスタンダードコース17、000円（全て税別、サービス料別）、幻のタン、ホルモン含む、肉10種のスタンダードプラスコース19、000円、スペシャルコースは、スタンダードコースにヒレカツサンドウィッチが¼つくコース。

　メインは田村牛を使用。タンやハラミはしっかりと焼き、名物サーロインはさっと焼く。コースの構成も焼き方も非常にメリハリがあります。肉の柔らかさを極限まで追求したカットから繰り出される肉は絶品。同じ部位でもカットでここまで味が変わるのか？を実感できるお店。

Yakiniku Journeyの独り言

コースの最後に登場する牛丼は必食です。〆は、牛丼と冷麺のどちらか選べますが、両方食べてもOK。

POINT 1 三ノ輪の名店「七厘」からの流れを組む焼肉店。

POINT 2 仕入れのメインは、あの田村牛。店主は、手切りにこだわる中原健太郎氏。

SHOP DATA

炭火焼肉なかはら

［住所］ 東京都千代田区六番町4-3 GEMS市ヶ谷 9F
［電話］ 03-6261-2987
［営業時間］ 平日一部18:00〜、二部20:30〜
土日祝一部17:00〜、二部19:30〜
［定休日］ 水
［平均予算］ 17,000円、19,000円、20,500円のコースのみ
［焼台］ 炭火

炭火焼肉なかはら　YAKINIKU RESTAURANT

これを食え ①
これが噂の「幻のタン」
幻のタン

タンの根元のタン元、タン先、タンの裏側の筋であるタンゲタをセットで味わえます。黒毛和牛のタンが貴重であった「七厘」時代から提供していた超人気メニューで、幻のタンをごま油と塩胡椒で頂きます。全コース共通。

これを食え ②
「なかはら」といえば、サーロイン！
サーロイン

「なかはら」の名を不動のものにした「サーロイン」。コースの最初に度肝を抜かれます。げん骨のスープをベースにしたタレにつけ、美しく盛られたサーロインはさっと焼きで頂きます。1.5mm程度にカットされた肉を3秒焼いて、裏返し、2秒程度で頂きます。全コース共通。

これを食え ③
サラダ専門店の
とっておき新鮮サラダ!!
サラダ

FARMER'S TABLE のグリーン、刻み野菜を使ったその日に届く約15種類のサラダです。コースの中盤で登場し、次の肉への期待感を煽ります。ごま油とごまを入れた無添加ドレッシングで提供します。全コース共通。

これを食え ④
あまりに美しく、柔らかく、消えてしまう
ヒレカツサンドウィッチ

分厚くても歯茎だけでも食べられる！ そんな柔らかいヒレカツのサンドウィッチ。肉の状態により、揚げる温度を調整したヒレカツは本当に柔らかく、その食感がくせになる！ 20,500円のコース内。

西麻布
けんしろう

（西麻布）
接待、デート向き

取引先との接待づかいは鉄板！
タレの妙技をフルコースで味わいたい

「全ては最高の肉を引き立てるために」をコンセプトに、全席個室、焼きはフルアテンドの接待に適した焼肉店。コースのみの直球勝負。

尾崎牛、山形牛、雪降り和牛。上質な肉質への追求はもちろんのこと、実は西麻布けんしろうの旨さを引き出しているのは、調味料の妙。白醤油2種、たまり醤油2種の味のベースとなる醤油だけでも4種類あって、けんしろうの味をつくり出していきます。実は、元中華のシェフという肩書を持つ店主。素材、調味料にこだわり、部位、カットに合わせて肉の旨さを最大限に引き出します。黒毛和牛100%の麻婆豆腐も絶品。

コースは一切れずつ味を変えて、部位に合わせた切り方、味付けを追求していきます。繰り出されるコースは、先付からスタートし、サラダ、肉刺し、タン2種類↓けんしろう焼き↓塩肉↓箸休めからの一品料理、たれ肉、焼きすき、ご飯もの、デザートで〆る流れで頂きます。

Yakiniku Journeyの独り言

西麻布けんしろうの五感を刺激する圧巻のスペシャリテ、「けんしろう焼き」は、通常赤身肉ですが、追加料金でシャトーブリアンにアップグレード可能です。

POINT 1 全室個室のフルアテンドで接待向き。

POINT 2 スペシャリテ「けんしろう焼き」で視覚、味覚、嗅覚を刺激されます。実は、タレのマジシャンでもある店主・岩崎健志郎氏の肉のカットと部位に合うタレを堪能したい。

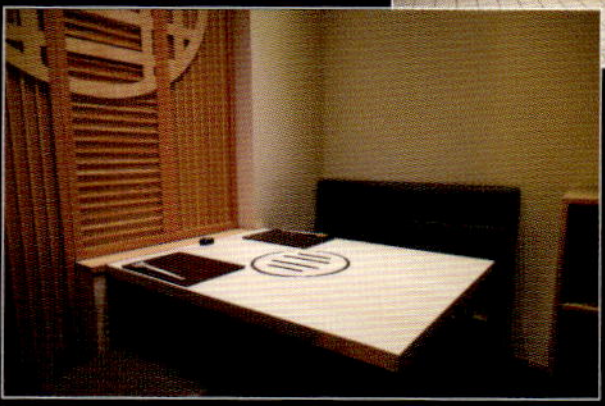

SHOP DATA

西麻布けんしろう

［住所］ 東京都港区西麻布4-2-2 Barbizon92 1F
［電話］ 050-5589-4632
［営業時間］ 17:00〜24:00
［定休日］ 日 ※祝前日の場合は営業。
連休最終日はお休み
［席数］ 38席（9部屋） ［平均予算］ 20,000円
［焼台］ ガス

これを食え——❶

煙に包まれた謎の肉

赤身肉のけんしろう焼き

ガラスの食器のフタを開けると中から煙と共に登場するロゼ色の肉塊。それがコースの前半を飾る、西麻布けんしろうのスペシャリテのこちら。低温調理した肉を桜チップでスモークして、香りを付けたお肉です。視覚、味覚、嗅覚の全部が刺激される肉料理の最高傑作。

これを食え——❷

味わい方を変えて楽しむ

山形牛お刺身三種盛合わせ

塩、醤油、ユッケだれ（たまり醤油ベース）で味わうのが、けんしろうの刺身。山形牛モモ系の亀の甲、シンシンあたりの部位が中心になります。仕入れ状況によって、変更あり。

これを食え——❸

企業秘密！ こだわり濃厚卵で！

こだわりの卵で食べるサーロイン焼きすき

コースの最後の最後に提供するお肉。サッパリした味付けが多い中、タレ肉に入ってから焼き肉色を前面に出していきます。企業秘密のこだわり濃厚卵で食べる焼きすきは、肉の〆にふさわしい、どっしり感がある味付け。これ食べたらご飯が欲しくなるでしょ！

※お料理は全て10,000円のコース内。

焼肉しみず

（不動前）
会社同僚、デート、
ファミリー向き

肉の良さを引き出す焼肉しみずのカット、味付け、食べ方を存分に味わう

「焼肉屋なんだから、タレをつけながら、肉の味を表現していきたい」という店主。

店主の目利き、肉の良さを引き出すカットで人気を集めるのが、２００９年オープンの焼肉しみずです。

厚切タン（厚さ2㎝）と上ハラミ（厚さ1.5㎝）は予約必須。タレで食べる並ハラミのレベルも非常に高い。名物の社長の5種盛りは、霜降りと赤身をバランスよく提供。風味が良く、サシが入る部位と変化に富み、見て、食べて楽しい盛り合わせの構成。本日の特選MEAT「一枚オーダー肉」は、同じ霜降り、赤身でも部位によって色が違うので、なるべく多くの種類を味わってもらうためのメニュー。1、000円以下の部位の中でもテール、カシラなど、他店では、お目にかからない部位や、珍しい食べ方で提供しています。特に、上ミノ青唐辛子は、1ポーション約70ｇでピリッとした青唐辛子独特の辛味を効かせた、アルコールと一緒に楽しめる一品です。

Yakiniku Journeyの独り言

お土産用に黒毛和牛100%ミートソース（1人前800円）があります。少しでも家庭に罪悪感のあるサラリーマンは、黒毛和牛をふんだんに使用した肉肉しいミートソースをお土産に購入して帰宅しよう。これで、家族円満だ。

POINT 1 店主厳選の希少部位が1枚からオーダー可能。サーロイン他、本日の特選MEATは、必食！

POINT 2 肉を知り尽くした店主が、勝負するのは、腕から肩、背中の部位が中心。ここには絶対の自信あり。肉の味を消さない、小細工はしない、肉本来の旨さを存分に味わうための焼肉屋。

SHOP DATA

焼肉しみず

［住所］ 東京都品川区西五反田4-29-13 TYビル2F
［電話］ 03-3492-2774
［営業時間］ 火～土17:00～24:00、日祝17:00～23:00（夜22時以降入店可）
［定休日］ 月　［席数］ 42席
［平均予算］ 6,000円～8,000円
［焼台］ 炭火

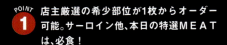

焼肉しみず　YAKINIKU RESTAURANT

これを食え──❶
社長でなくても、ぜひ頼んで欲しい！
社長5種盛り

赤身系、霜降り系のミックス盛り。肩からリブロース、モモの部位を、バランスよく盛り合わせに。肉の美味しさを最大限引き出した判の大きさ、厚さをタレ肉で味わう。1人前3,700円、写真は2人前。

これを食え──❷
食いちぎって食べて欲しい！
上ハラミ

店主曰く、「上ハラミは食いちぎって食べて欲しい。これが一番美味しい食べ方」。付け合わせの調味料、黒ナマ粒胡椒と山山葵がさらにハラミ肉の旨味を増す存在。3,000円。予約必須メニュー。

これを食え──❸
ポン酢をたっぷりつけて！
ネギポン塩カルビ

カルビの名で提供しているが、実の部位はブリスケ。鮮やかな色合いの赤身だが、カット技術が素晴らしく、火入れ後、ポン酢をたっぷりつけてさっぱり頂く。1,000円。

これを食え──❹
和牛ミノならではの食感！
上ミノ青唐辛子

希少価値の高い和牛のミノを使用。包丁の入れ方を工夫しているせいか、サクッとした食感の後にピリッとした青唐辛子独特の辛さが後を引く一品。青唐辛子をベースに塩とごま油とニンニクで味付けしているビールのお供に最適な一品。720円。

肉匠堀越

（広尾）
接待、デート向き

見た目と喋りで肉好きが溢れ出る店主の技と感性が繰り出す、おまかせ肉料理に舌鼓を

和食出身のオーナーが、肉好きが高じて、こっそり大阪の焼肉店で修業。どうしても大好きな肉の店をやりたい。その思いで方向転換し、2015年8月にグランドオープンした肉割烹。コースで勝負しているので、いい加減な仕事はしない。オーナー自ら、生産者の牧場まで出向き、飼育状況をチェックして直接交渉し仕入れるこだわりぶり。

取引するのは、一番良い状態で出荷させる牧場。正肉、内臓ともほぼ全ての肉を生産者から購入。近年人気のスター牧場、香り高い神戸ビーフを生産する川岸牧場とも取引しています。

自分が食べたいものをメニュー化する店主は、春先はフキノトウ、タラの芽、タケノコ、季節を感じさせるとことん踏み込んだメニュー構成にしています。ほぼ個室の肉割烹で、これだけのものが食べられるなんてコスパ良すぎ！　うんまい肉が食べたくなった時にぜひ行きたい！

Yakiniku Journeyの独り言

スタートが早い時間帯（17:00頃）の予約だと、店主が焼いてくれる可能性が高いです。

POINT 1　とにかく牛肉が新鮮！　看板に偽りなし！「うんまい肉、食べさせます」と謳う和食出身のオーナーシェフが繰り出すうんまい肉料理の数々。

POINT 2　和出汁の旨味と牛テール出汁のアクセント。季節ごとに旬の気になる食材とアレンジしています。

SHOP DATA

肉匠堀越

［住所］　東京都港区南青山7-11-4 HT 南青山ビル2F

［電話］　03-5464-2929

［営業時間］　一部17:30～翌0:00、二部19:00～翌0:00、三部20:30～翌0:00（入れ替え制ではない）

［定休日］　年中無休　［席数］　36席

［平均予算］　11,000円、16,500円のコースのみ

［焼台］　ガス

肉匠堀越　YAKINIKU RESTAURANT

これを食え——❶
エッジの効いた！
牛ハツのつくり

市場を通さずに仕入れているので、とにかく鮮度が高い。エッジの効いたハツが食べられます。ただし、到着時刻により、食べられればラッキーな一品。

これを食え——❷
カンボジアの塩漬け胡椒と一緒に！
サガリとハラミ

サガリは焼き上がる直前にカンボジアの塩漬け胡椒を手に取ります。ガリッと噛んだ瞬間、すぐにサガリを頂く。ちょっと慌ただしいが、生胡椒の風味を感じながら、フレッシュなサガリは、雑味がない。ハラミは西京味噌仕立て。

これを食え——❸
牛テールでも、さっぱり味
茶碗蒸し

コースの中盤に箸休めとして頂く、茶碗蒸し。牛テールを丸一日炊いて、骨髄と旨味を抽出したスープに和出汁を合わせているので、さっぱりでも旨味のある味。

これを食え——❹
崩しながら食べてみて！
モモのタタキ シラスとダシご飯

新潟のコシヒカリ、山形のだし、静岡県産のシラスを加えた混ぜご飯。肉は、山形牛のモモ肉を表面を炙り、タタキにして使用。上から肉を崩すようにして食べるのがオススメ。

これを食え——❺
ふわっと昆布と鰹の香り
ホルモンの炊き込みご飯

ハラミ、ギアラ、シマチョウ等と季節のきのこと合わせる炊き込みご飯。一見脂っこそうだが、和出汁のみで炊き込み、ふわっと昆布と鰹の香りがします。
※お料理は全て11,000円のコース内。

焼肉 銀座コバウ 8F特別室

（銀座）
接待、デート向き

銀座の接待焼肉の代表格。完全個室の特別室で一味も二味も違うおもてなしと上質な肉を味わう

ワイワイとした5F通常フロアとコンセプトを変え、落ち着いた空間で懐石コースのように肉料理を味わえるのが、8F特別室。コースを通して肉のこってり感、鍋やサラダのさっぱり感を織り交ぜ、コース全体がきっちりと構成されています。その中でも前半戦の山場になるのが、ミノしゃぶ。牛骨と牛テールを8時間煮込んだスープでしゃぶしゃぶするミノは意外に、さっぱりしていて何枚でも食べられます。盛り付けもまるでフグ刺しのよう。後半戦のガッツリお肉を前にして、銀座マダムもイチコロだろう。

後半戦の正肉は、月齢30カ月以上の黒毛和種からベストな牝牛を仕入れ、肉質には絶対の自信を持っています。8F特別室は、全室完全個室の豪華なつくり。スタッフによる肉の焼き手もおり、ここぞという大事な接待の時、ぜひ活用してみたいお店です。焼肉という概念にとらわれず、創作肉料理で銀座の本物を知るお客さんをも満足させています。

Yakiniku Journeyの独り言

牛骨と牛テールをふんだんに入れ、8時間じっくり煮込んだミノしゃぶのスープは、後を引く美味しさ。ミノしゃぶの後、土鍋ご飯の時にスープとして再登場します。実はこのスープ、スタッフにお願いすれば、お替わりができます。

POINT 1　5F通常フロアとも全く違うコース料理が、完全個室で焼肉屋とは一味違った肉料理が味わえる。

POINT 2　名物ミノしゃぶは、見た目、味ともまるでフグのような食感。しゃぶしゃぶするスープも旨い。

SHOP DATA

焼肉 銀座コバウ 8F特別室
［住所］ 東京都中央区銀座6-7-6 ラペビル 5F
［電話］ 03-5568-5510
［営業時間］ 月～金 17:00～23:30、土日祝 16:00～23:00
［定休日］ 年中無休
［席数］ 68席 ［平均予算］ 25,000円～35,000円
［焼台］ ガス

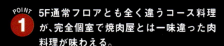

これを食え――❶

テール肉が入ったアツアツの

「先附け」茶碗蒸し

コースのスターターは、まさかのアツアツ、茶碗蒸し。8時間煮込んだ牛骨の出汁に、白子、銀杏、椎茸、テール肉が入っており、スタートから驚きの一品です。

これを食え――❷

上品な佇まいに惚れ惚れ！

「刺身」ユッケ

リブ巻きを使用。北海道産のこぶ締めホタテととろろ昆布、フランス産フレッシュキャビアで塩味と肉のバランスのアクセントに。日本酒を梅干しと一緒に煮詰めた煎り酒と絡めて頂く。

これを食え――❸

フグ刺しのような美しさ！

「温物」ミノしゃぶ

8時間煮込んだ牛骨と牛テールのスープで味わうのが、ミノしゃぶ。まるでフグ刺しのようなミノ刺しを3枚一気に箸で取り、しっかりめにしゃぶしゃぶし、ポン酢につけてさっぱりと頂く。

これを食え――❹

口に入れた瞬間、旨い！

「焼物」シャトーブリアン

一頭から数枚程度しか切り出せない厚切りシャトーブリアン。裏表のみじっくり火入れしてから頂きます。側面焼き厳禁。山山葵とワイン塩が登場しますが、ワイン塩の方が香りも良くオススメ。

これを食え――❺

ずわい蟹と牛テールのハーモニー！

「お食事」土鍋ご飯、スープ

ずわい蟹と、手間暇かけた牛テールのほぐした肉の土鍋ご飯とミノしゃぶの時に登場したスープがここで再登場。旨味が堪能できる土鍋ご飯です。

※お料理は全て27,000円（税込み・サービス抜き）のコース内。

格之進R⁺
（アールプラス）

（六本木）
会社同僚、デート、
肉のリテラシーを上げたい人向き

黒毛和種 熟成塊肉のパイオニア格之進
伝統のこだわり熟成塊肉を思う存分

2017年11月29日の肉の日。六本木の地に満を持してオープンしたのが、格之進肉学校六本木分校。1～3Fまで、3つの店舗が共存しています。2、3Fが熟成肉の「門崎熟成肉」が味わえる「格之進R⁺」。1Fの「格之進B」は、精肉販売や料理教室。1Fの「格之進82」は、熟成肉割烹スタイルのお店で、和牛の熟成肉と海の食材を合わせて頂くことができます。

2002年から熟成肉に取り組んできた格之進には、3つのこだわりがあります。屠畜した肉を骨付き枝肉のまま吊るし、肉に負担をかけることなく熟成させる「枯らし熟成」、枯らし熟成後、骨から外して真空パックでウェットエイジングする「追加熟成」、異なる2つの熟成方法により、より芳醇な香りを生み出す「和牛香」です。

お肉本来の美味しさを熟成という形で最大限に引き出した門崎熟成肉。コースをメインにアラカルトもあり、食肉リテラシーを向上させながら肉を食べたいデートにはうってつけです。

Yakiniku Journeyの独り言

格之進R⁺では、人数を集めれば特別オーダーで、お肉の解体ショーの実演を楽しめます。塊肉から部位を切り出すところ、実際に焼いて食べるところまでが1セットです。詳細はお店に要相談。

POINT 1 格之進肉学校六本木分校のうち2、3Fが格之進R⁺。格之進熟成肉の特徴は［枯らし熟成］［追加熟成］［和牛香］の３つ。

POINT 2 千葉祐士オーナー直伝、水風船理論で水風船のようにパンパンになるまで肉汁を閉じ込めた熟練の焼き方で熟成塊肉を味わえます。

SHOP DATA

格之進R⁺（アールプラス）
［住所］ 東京都港区六本木7-14-16
六本木リバースビル2-3F
［電話］ 03-6804-2904
［営業時間］ 18:00～23:00
［定休日］ 日 ［席数］ 52席
［平均予算］ 8,000円～10,000円
［焼台］ ガス

格之進R⁺

YAKINIKU RESTAURANT

これを食え ①
恐らく世界初!!
熟成塊肉・骨付きミスジ

恐らく世界初、骨付きミスジの熟成塊肉です。熟成期間30〜40日で良い状態の肉を提供します。ストレスのかからない状態で骨から間接的に火入れをするミスジは、焼き上がるとチーズを焦がしたような独特の和牛香が楽しめます。外はカリッと、内部はしっとりした2つの食感が同時に楽しめます。1,970円。

これを食え ②
脂の甘さを味わって!
熟成塊肉・トモサンカク

シンタマの中の霜降り部位、トモサンカクの熟成塊肉です。熟成期間30〜40日で良い状態の肉を提供します。脂の甘さを実感できる部位で、甘み、香り、食感と余韻。咀嚼を多くすることで、鼻に抜ける和牛香が存分に味わえます。2,100円。

これを食え ③
クリエイティブな[うにく]をぜひ!
肉巻き軍艦セット

通常メニューにはない、IF肉割烹・格之進82のメニュー。ただし、格之進R⁺でも予約の際に伝えれば、雲丹肉巻き軍艦の[うにく]にありつけます。炙ったザブトンをとろける雲丹と、特製醤油と共に。他の軍艦巻きの提供は、季節と仕入れ状況によります。〈海のものと肉のものを掛け合わせた軍艦シリーズ〉・北海道産のあん肝とザブトン・北海道産の真鱈の白子とザブトンなど。各4枚8,800円。

尾崎牛 丸子屋

（武蔵小杉）
会社同僚、デート、
ファミリー向き

首都圏にもあった、幻の尾崎牛を一頭買い！
運が良ければレバーもハツも食べられる尾崎牛専門店

尾崎宗春氏の個人名ブランド牛で、幻の牛とも呼ばれる尾崎牛焼肉専門店。生きたまま長く肥育させた方が、脂の融点と赤身の味が安定すると考え30～34カ月の長期肥育期間をかけて肉牛処理をする、いわゆる生きたまま熟成させるのが尾崎牛です。

そんな尾崎牛に惚れ込んだ社長と店長が4年前に開業。首都圏では超希少で尾崎牛の一頭買いをしており、とにかく部位の品揃え豊富です。融点28度といわれる尾崎牛のさらっとした脂は、霜降りの部位で堪能して欲しい。たまに*BMS12が食べられるケースも。また一頭買いゆえ、定期的に尾崎牛の内臓の仕入れもあります。尾崎牛マニアなら垂涎の的、レバー、ハツも食べられることが多いです。

尾崎牛は香りも楽しめる牛肉です。香りを殺さないよう、炭火ではなく、わざとガスロースターにし、尾崎牛の香りを最大限引き出しています。焼き上がりは、塩と山葵、醤油と山葵で食べるのがオススメ。

Yakiniku Journeyの独り言

メニューにはありませんが、お土産メニューもアレンジできます。サーロイン丼などは、冷めても美味しい。シャトーブリアンとヒレ、レバーは、すぐになくなるので、訪店の際、事前確認は必須です。予約の際、電話で取り置きも可能。

POINT 1 尾崎牛を定期的に一頭買いしていますので、とにかく部位メニューが豊富。尾崎牛は正肉も美味しいのですが、内臓のレバーとハツも美味しいのでトライして欲しい。

POINT 2 ワインを注文するように赤（赤身）のさっぱりしたもの、白（霜降り）の脂でガツンとしたものと好みを伝えてお任せで注文するのが丸子屋通。

SHOP DATA

尾崎牛 丸子屋

［住所］ 神奈川県川崎市中原区新丸子町911-1
［電話］ 044-299-9319
［営業時間］ 月～木、日祝17:00～23:00
金土、祝前日17:00～24:00
［定休日］ 不定休 ［席数］ 28席
［平均予算］ 8,000円～10,000円 ［焼台］ ガス

＊BMS…ビーフ・マーブリング・スタンダードの略で、「脂肪交雑」を評価するための基準。12ランク中、No.12が最良。

これを食え――❶

甘くて、トゥルルンとした食感！

レバー

まず食べて欲しいのがレバー。ほんのりミルクのような香りもする尾崎牛のレバーは必食です。文字で表現するのは難しいですが、トゥルルンとした食感。入手困難な尾崎牛ですが、鮮度の高いレバーが食べられます。1,970円。

※しっかり火入れしてから食べてください。

これを食え――❷

ぜひ、山葵醤油で！

三角バラ

いわゆる、特上カルビにあたる部位。霜降りですが、尾崎牛は見た目より脂があっさりしていて、旨味が強いです。さっぱりと山葵醤油で頂きたい。次の日に胸焼けすることはありません。2,100円。

これを食え――❸

赤身と霜降りをバランスよく！

尾崎牛 五種盛り

当日の仕入れ状況によりますが、赤身と霜降りをバランスよく提供してもらえます。赤身だと、モモ、ランプ、イチボ、ミスジ、クリ。霜降りだとザブトン、サーロイン、トモサンカクあたりの部位が入ります。霜降りは状況により、サーロインが入ることもあるお値打ち品。各4枚8,800円。

東京・大阪食肉市場直送
肉焼屋D-29

（三田）
会社同僚、デート向き

霜降りから赤身まで、塊肉を豪快に転がしながら自分で焼き育てるファイヤー焼きがスゴい！

赤身塊肉は、「塊肉を鉄板で転がすように4側面焼き、15往復です」。霜降り塊肉は、「1断面を焼くと、霜降りなので脂が火に落ち、目視可能な炎を、1ファイヤーとカウント。10ファイヤー上がれば、裏面の焼きへ」。これは、この店独自の焼き方です。

赤身と霜降りの塊肉、同じ塊肉でもそれぞれ部位が違うので、焼き方も違います。客側が塊肉を焼く、しかもD-29ではレクチャー付きで、肉の休ませ方も含め、楽しく焼き上げられます。塊肉を自分で初めて焼き上げたと、カップルシートに着座した2人はキャッキャと無邪気に喜んでいました。焼き上がりのカットも客自ら行います。まずは真ん中に包丁を入れ、ロゼ色のビジュアルを確認、繊維に沿って切るのと乱切りを織り交ぜるのは塊肉の極意です。

D-29は、滋賀県竜王町の澤井牧場の近江姫和牛をはじめ、全国の黒毛和牛牝牛の霜降り、赤身塊肉29部位を仕入れる焼肉店＃肉焼店です。

Yakiniku Journeyの独り言

焼肉の焼きは基本的にセルフが多いです。ただ、塊肉を自分で焼く機会はそうそうありません。D-29はお店が考案した焼き方で、素人でも塊肉を焼き上げられるので、4人以上の人数で行くと、会話も弾んで楽しさ倍増です。

POINT 1 コースは3つ。スペシャル肉マニアコース12,000円、おまかせ肉マニアコース10,000円、肉勉強人初級コース8,500円。おまかせ肉マニアコースがオススメ。

POINT 2 塊肉を転がし、ファイヤーしながら焼き上げる体験型焼肉。店内外は白で統一されたスタイリッシュな肉焼屋。

SHOP DATA

東京・大阪食肉市場直送 肉焼屋D-29

［住所］ 東京都港区芝5-25-2
［電話］ 03-6435-0529
［営業時間］ 16:30～23:00
［定休日］ 月
［席数］ 22席
［平均予算］ 10,000円～15,000円
［焼台］ ガス

これを食え――❶

転がしながら焼いていく

霜降り塊肉、赤身塊肉

スタッフの指導のもと、赤身肉、霜降り肉をそれぞれ別の方法で、転がしながら、また1ファイヤーをカウントしながら塊肉を焼き上げるのは、もはや感動もの。カットまで自分でやるので、体験価値も高く、肉焼きの醍醐味を味わえます。

これを食え――❷

レバーの塊焼きに驚く

レバー

切断面のエッジがきいており、色味もいい。明らかに新鮮。通常、焼肉屋でレバーは、食べる大きさに切られて出てくるが、D-29のレバーは塊で登場。これを転がしながら、やさしく焼き上げるとねっとりとした至福の食感のレバーが頂けます。

※しっかり火入れしてから食べてください。

これを食え――❸

これはたまらん！

ハンバーグ丼

〆に登場するのは、ご飯の上にお店オリジナルの卵と醤油ベースのソースをかけて食べるハンバーグです。ほぼ牛肉といって過言ではない、卵かけハンバーグをご飯の上にのせて丼で頂きます。これは、たまりません。

※お料理は全て10,000円のコース内。

焼肉 大貫

（新宿御苑）
接待、会社同僚、デート向き

秘伝のごまベースの甘ダレがコメに合う！
大判のタレ肉をご飯に巻いてバクバク食べたい

浜松に本店を持つ焼肉屋「大貫」で修業した店長が、満を持して新宿2丁目に2015年12月にオープンした焼肉屋。コースが10、000円、12、000円、15、000円の3種類あります。真ん中のコース以上で黒タンが登場し、10種類程度のお肉が登場。塩味の黒タン、塩ダレのイチボ、トモサンカク等の赤身肉、レバー、豚ホルモン、ハラミ、霜降りタレ2種、赤身タレ3種。

本店同様、大判のタレ焼きが非常に美味しい。タレ肉は提供する直前に、さっとタレを潜らせ、もみこむことはせずともキチンと味が入っています。コースの最初に厚みのあるタンが1人当たり2枚登場しますが、ご安心あれ、スタッフが焼いてくれるスタイル。つけダレは、もともとのもみダレよりはしょっぱめになるので、焼き上がりにつけダレもつけてご飯に巻いて食べるのがオススメ。

穴あきの鉄板が独特。熱の伝わり方が違ってくるから、肉も一味違う。

Yakiniku Journeyの独り言

基本的にコースのオーダーですが、追加のお肉もスタッフに聞いてみてください。当日の仕入れ状況にもよりますが、シンタマ、ランイチ、リブロースとアラカルトで提供可能な部位もあります。また、おひつご飯もプラス400円でお替わり可能です。

POINT 1 秘伝のごまベースの甘ダレが独特で、不思議とご飯に合う。焼いた肉をご飯に巻いてノスタルジックに味わう。

POINT 2 ご飯にもこだわりを持つ。かたもり農園の新潟産コシヒカリ。米自体は小粒だが、有名和食店でも使われている米。

SHOP DATA

焼肉 大貫

［住所］ 東京都新宿区新宿2-18-1
［電話］ 03-6380-1329
［営業日］ 18:00〜23:00
［定休日］ 月
［席数］ 24席
［平均予算］ 13,000円〜15,000円
［焼台］ 独自の穴あき鉄板のガス

焼肉 大貫　YAKINIKU RESTAURANT

これを食え ❶
分厚いのにサクッ！
黒タン

厚みのある黒タンが最初に2枚登場します。10,000円のコースは国産牛、12,000円以上で和牛になります。焦げ目が付くくらいしっかりめに焼かれますので、サクッと頂きたい。12,000円以上のコースのみ。

これを食え ❷
ぜひ、ご飯に巻いて！
カタサンカク（赤身タレ）

仕入れ状況により、部位は多少変化しますが、赤身タレ肉になります。タレ肉に合わせておひつご飯も登場しますので、さらっと焼いて、つけダレに付け、ご飯にがっつり巻いて一緒に食べたい。全コース共通。

これを食え ❸
つけダレが肉と合いすぎ！
リブロース芯（霜降りタレ）

仕入れ状況により、部位は多少変化しますが、霜降りタレ肉になります。脂質が多い部位なので、脂を落とす感じできっちりと焼いてくれるので、焼き上がりをつけダレに付けて、ご飯にがっつり巻いて一緒に食べたい。全コース共通。

お肉屋けいすけ三男坊

（広尾）
接待、会社同僚、デート向き

超希少・高森和牛をスタイリッシュな店内で女性を連れて行きたくなる焼肉店

年間120頭程しか出荷できない山口県の幻の和牛「高森和牛」の肉質は芳醇で香り豊か。中でもMeat Specialistとして有名なミコーフーズの沼本憲明氏の超希少・高森和牛を常時提供できる状態に。現在では全て高森和牛でメニュー提供できる都内では、珍しいお店です。

溜池山王でイタリアンレストラン、ラーメン屋の経験を得て、2016年5月に広尾の地でスタイリッシュな焼肉屋として、満を持してオープン。コースでのオーダーがオススメで、〆の三男坊ライスも牛骨ラーメンも過去のレストラン経験を活かしたメニューが本格的で本当に旨い。

コースはスタッフが丁寧に焼いてくれ、客側は話に集中できます。無煙ロースターにもこだわりがあり、遠赤外線で焼くロースターは、肉の中心を一定温度で焼くので、焼き焦がさず、塊肉を焼くのに最適。服にも臭いがつかず、接待や、デートで連れて行きたくなるお肉屋です。

Yakiniku Journeyの独り言

コースでのオーダーが断然オススメ。実は、裏メニューとして、旧お肉屋コースが事前予約でオーダー可能。三男坊ライスはないが、一口炙り寿司とすきしゃぶが入ります。女性に人気のあったオープン当初のメニュー。

POINT 1 山口県岩国ファーム生産の高森和牛を都内で常時味わえる希少な店。

POINT 2 昨秋登場！ 三男坊ライス！ トリュフライスに高森和牛のヒレ肉に金箔。その上に削りトリュフを振りかける贅沢オムライスを味わいたい。

SHOP DATA

お肉屋けいすけ三男坊
［住所］ 東京都渋谷区広尾5-2-25 HONGOKUビルB1
［電話］ 03-3446-2929
［営業時間］ 17:30～23:30
［定休日］ 日（貸切のみ要相談）
［席数］ 38席
［平均予算］ 10,000円～12,000円
［焼台］ ガス

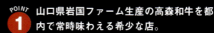

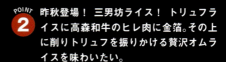

これを食え——❶

食べ順にこだわりアリ！

高森和牛の極上塊焼き

食べ方としていちばん美味しい高森和牛の塊肉。撮影当日は、大モモ（ウチモモ）1人前80ｇ。三男坊こだわりの食べ方は、焼き上げた塊肉を塩→山葵→山葵醤油の順番で。塩ポン酢、ホースラディッシュ、柚子胡椒で食べるのもオススメ。1人前2,500円（2人前より）。

これを食え——❷

酢飯にエシャロット！

高森和牛の一口炙り寿司

部位はサシの多いミスジか、トモサンカクを手切りでカット。肉は炙ってから刷毛で河村醤油を塗ります。実はこの寿司、シャリに秘密があり、酢飯にエシャロットと九条葱を刻んで混ぜています。さっぱりとしていて、何個でも食べたくなります。1,000円。

これを食え——❸

人気のトリュフオムライス!!

究極 三男坊ライス

焼肉店でこんなトリュフオムライスが味わえるのか!?　トリュフライスにフワッフワのオムレツ、その上に高森和牛を短冊状にのせて醤油とトリュフオイルで味付け。極めつきはその上からスライストリュフ。2017年11月に満を持して登場して以来、今やスター〆ご飯。2,980円。

これを食え——❹

直伝のレシピでつくられた

井上家のチーズケーキ

メディア初登場。井上オーナー家、直伝のレシピを受け継ぐ手作りチーズケーキ。シンプルだが、優しい母の味。700円。

炭焼喰人 三宿

（スミヤキショクニン）

（三宿）
接待、会社同僚、デート向き

乳酸菌で発酵させた本格的熟成肉は珍しい！
チーズのような熟成香と柔らかさをぜひ

横浜のセンター南で愛されている熟成肉の「炭焼喰人」が2017年11月29日に三宿にも登場。三宿交差点付近で、窓には大きな牛の絵が描かれているのが目に留まり、いやが上にも興奮します。焼肉ブームの中、熟成肉の焼肉店は多々あれど、本格ウェットエイジング（60～120日程度）の熟成肉の店を探すのは難しい。ドライエイジングと違い、ウェットエイジングは、乳酸菌発酵なので、チーズやバターのような芳醇な乳製品のような熟成香を楽しむことができ、肉もねっとりしてコクがあって柔らかい。都内でこの肉を味わえるのは、希少です。

「牛はミネラルを岩塩で取ります。だから、振り塩は相性の良い岩塩です。つけ塩をシーソルトにすることでより、旨味を引き立てます」、「4足歩行の牛の腹筋は2足歩行と違って、発達しないから柔らかい」など、牛のうんちくをストーリーとして話してくれるオーナーやスタッフの魅力満載。半個室もあるので、デートや接待焼肉には最適。

Yakiniku Journeyの独り言

塊肉は、岩塩と山葵で味わうのも良いですが、肉の味が強いのでニンニク醤油もお願いしましょう。熟成香とコクのある旨味の肉にパンチが加わります。非常に有り難いのが、電源とUSB充電。これは、接待やデートで助かる！

POINT 1 清潔感のあるお店でデートにも最適。しかも熟成肉が流行する18年前から熟成肉を手がける、肉を知り尽くした肉職人のオーナーがいる実力店が東京初上陸。

POINT 2 熟成肉はドライエイジングではなく、ウェットエイジングの熟成法を採用する珍しい焼肉店。ねっとりとした旨味が凝縮された肉が存分に味わえる。

SHOP DATA

炭焼喰人（スミヤキショクニン）三宿

［住所］ 東京都世田谷区池尻3-30-6 フェリーチェ池尻２F
［電話］ 03-3419-1129
［営業時間］ 月～土18:00～翌1:00、日18:00～23:00
［定休日］ 無休 ［席数］ 33席
［平均予算］ 7,000円～8,000円
［焼台］ 炭火

炭焼喰人 三宿

YAKINIKU RESTAURANT

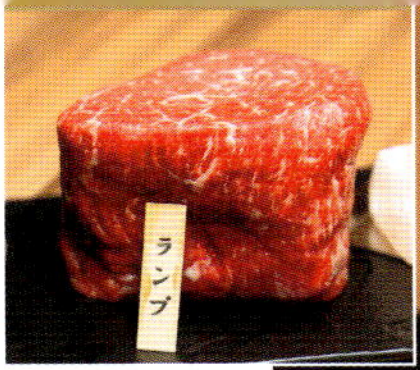

これを食え──❶

崖のような塊肉!!

熟成肉ランプ

300g以上でオーダーすると崖のような塊肉が登場し、テンションMAX間違いなし。チーズやバターのような芳醇な熟成香がたまらない。スタッフが抜群の火入れで焼き上げ、お客自ら岩塩を削って頂くのは楽しい。柔らかくてとろける！写真は300g。3,600円～（100gより）。

これを食え──❷

熟成肉独特の香りがたまらん！

特選極上ロース

センター南時代からの看板メニューで、ランプかイチボのその日の美味しいところを提供。熟成肉独特の香りとコクのある旨味が特徴なので、ぜひレア焼きのタレで。ランプかイチボ。2,680円。撮影当日はイチボ。

これを食え──❸

ヒレに近い食感！

幻のカイノミ

「四つ足の牛の腹筋は発達しないから柔らかい」。こんな説明を受けながら登場するのが厚切りのカイノミ。繊維の粗さがありつつ、サシが入った赤身肉は、ヒレに近い食感。香りもしっかりしていて、噛めば噛むほど味わいが深くなります。塩と山葵で食べるのがオススメ。2,480円。

これを食え──❹

スターターは、これで決まり！

バゲットで食べる熟成肉煮込み

塊肉を食べる前に、スターターとして、ぜひ食べて欲しいのが、赤ワインたっぷりで煮込んだデミグラスソースの煮込み。熟成肉がゴロゴロ入った煮込みは、ただただ柔らか、軽く炙ったバゲットに煮込みを溢れる程のせて頂く。980円。

Cosott'e Sp

（コソット エスピー）

（麻布十番）

接待、会社同僚、デート向き

店名はコソット。でも実態は、真逆の抜群の存在感 客と真っ向対峙するお任せオーダーが人気

切りたての肉はこれほど美味しいものか？　肉の鮮度を重要視した提供の仕方により、麻布の焼肉ファンも十分、魅了されています。

2013年に麻布十番にオープンしたこちらは、お客さんの8割がお任せをオーダーします。A5ランクの牝牛の仕入れにこだわり、一頭買いをしています。予算と赤身系か霜降り系かを伝えれば、お店セレクトでその日一番食べて欲しい8種類程度の盛り合わせが登場します。一頭買いしているので、希少部位もいろんな食べ方で楽しめます。

東急田園都市線駒沢大学駅にある本店は現在、金土日の営業のみですので、お客さんも本店とSp店を使い分けています。切り置きをせずにお客の注文を受けてからカットし、お客さんの注文状況を見ながら、厚み、大きさ、量を考えてカットしているところ、また〆の一品を臨機応変に対応してくれるところが大人のデート焼肉の人気の秘密です。

Yakiniku Journeyの独り言

メニューに掲載していない〆メニューがあります。お客さんの要望で、食材があればつくるという深夜食堂パターン。シマチョウとコプチャンのホルモンチャーハン・ミートソースのパスタ・お茶漬け・焼きそば・オムライス・和牛上焼肉弁当など、持ち帰りメニューもある。

POINT 1 アラカルトより、予算を伝えてのお任せコースがオススメ。

POINT 2 メニューにない〆もつくってくれるかも。臨機応変な対応が素晴らしい。

SHOP DATA

Cosott'e Sp（コソット エスピー）

［住所］　東京都港区六本木5-13-11 スペーシア麻布十番1 2F

［電話］　03-6441-2646

［営業日］　18:00～翌1:00、土 18:00～翌0:00

［定休日］　日

［席数］　25席　［平均予算］　10,000円前後

［焼台］　ガス

これを食え――❶

まずは、迷わずこの一皿！

お任せ肉盛り

基本は4種類の盛り合わせ。お店セレクトでその日一番食べて欲しい部位が厚くカットされて登場します。撮影当日は、上タン塩、ハラミ、牛ヒレ、リブ巻き。時価。

これを食え――❷

肉の旨味が野菜にも！

せいろ蒸し

メニュー開発の発端は、店長がスーパー銭湯で食した牛肉せいろ蒸しから、ヒントを得て開発。蒸し野菜をたっぷり肉で巻き、ポン酢で味わう不動の人気メニュー。2,580円。

これを食え――❸

焼肉界の櫃まぶし！

ネギとタンの櫃《ひつ》まぶし

2日間煮たタン下と甘めのタレで味付けされた櫃まぶしは絶品。1杯目はそのまま、2杯目は、ネギや山葵などの薬味と共に、3杯目は牛スジから取った出汁をかけて頂きます。1,890円。

生粋（ナマイキ）

（上野末広町）
接待、会社同僚、デート向き

霜降り刺し、赤身刺し、ユッケの盛合せ…ナマ肉ファンが狂喜乱舞する名店

青山の名店「よろにく」の店主が、2014年2月9日にオープンした生肉の可能性を探求するための焼肉店。生肉提供のため、店内はスタイリッシュながら、厚生労働省の衛生管理基準をクリアした調理設備なので、ここは堂々と生肉を楽しみたい。もし彼女（彼氏）が、生肉好きなら、間違いなく喜ばれるお店です。

ほとんどのお客さんが、オーダーするコースは、計算されつくしていて、食べていて飽きのこないメニュー構成。下町デートで、これは嬉しい。

スターターの前菜から始まり、サラダ、生肉、焼き物、お吸い物、手延べそうめん、かき氷のデザートまで客側が焼肉を最初から最後まで楽しめる順番で提供されます。お口直しを挟んでくれるのも嬉しいポイントです。

コースのお肉は、全てスタッフが説明をしてくれます。繊細な火入れ、数秒単位で変化する焼き加減を察知し、絶妙なタイミングで提供してくれます。

Yakiniku Journeyの独り言

予約電話は15:00～24:00だが繋がりにくい。意外と19:00頃が繋がりやすい。ザブトンのすき焼きの時には、ご飯を別注でオーダーしたい。ご飯が余ったら、卵とタレをあわせて卵かけご飯に。

POINT 1 味の薄いものから、濃いものへ、脂の薄いものから、濃いものへ。ポイントでお口直しも入る部位別の食べ方提案は、計算しつくされたお任せコースが魅力。

POINT 2 下町デートの食事で訪れたいスタイリッシュな焼肉店。

SHOP DATA

生粋（ナマイキ）
［住所］ 東京都千代田区外神田6-14-7 2F
［電話］ 03-5817-8929
［営業時間］ 17:00～24:00
［定休日］ 月
［席数］ 93席
［平均予算］ 8,000円～9,000円
［焼台］ ガス

これを食え——❶
生肉好きはオーダー必須!
生粋盛合せ

霜降り刺し、赤身刺し、ユッケのナマ肉の盛合せ。食感の違う部位を堂々と味わえる嬉しいメニュー。ユッケはタレと卵黄、霜降りと赤身は山葵醤油で頂きたい。

これを食え——❷
究極の一口ごはん
シルクロース

名物「シルクロース」は旨味が凝縮されたロース肉。提供されるライスボールと一緒に頂く。ぱらりと解ける口どけの究極の一口ご飯。

これを食え——❸
相性最高の新感覚!
ユッケブルスケッタ

生粋名物のユッケ。かるく炙ったバゲットにバターを塗り、ユッケをのせて食べることで、ユッケの良さを最大限に引き出す生肉の新境地。

これを食え——❹
グルタミン酸たっぷり!
タン昆布

タン先の部位を細長くカットし、美しく渦巻き状に盛り付けられたメニュー。焼き上がりを塩昆布と一緒に合わせて頂く。ありそうでなかったメニューで、咀嚼の度にシンプルな旨味が滲み出る。

生粋 YAKINIKU RESTAURANT

これを食え——❺
ほうじ茶、シロクマも人気だけど…
かき氷
バジルレモン

氷の保存方法、削り方を研究したかき氷が本格的でふわっふわ。お客さんには、ほうじ茶が人気だが、実はスタッフの中でいちばん人気は、このバジルレモン。食後に、柑橘系のさっぱりしたかき氷を、頭をキンキンさせながら、豪快にかきこみたい。

※お料理は全て6,000円のコース内。

BBQ 6

(バーベキュー ムトー)

BBQのプロが目利きの肉を
通称ムト肉！ 肉のトリビア

飲み放題のお酒は日本酒、ワイン

ビールも各担当者から直接仕入れており、タイミングが合えばサッポロビールの赤星や、肉に合わせるために白麹でつくられた山口県酒井酒造の五橋ファイブイエローを飲めることも。

2017年からフライパンとコンロで肉焼き方教室もスタート。塊肉のトリミングから、適切な塩分量、塊肉の切り方、湯煎の技術を習得できる大人の遊び。2018年からは格之進とコラボした焼き方教室も。

Yakiniku Journeyの独り言

出張焼きも多いので、客が心配になるくらい営業日が少ないお店です。電話がないので電話予約はできません。まずは一般公開しているFACEBOOKをフォロー。ここから予約を。https://www.facebook.com/bbq610/?pnref=lhc

BBQ 610 YAKINIKU RESTAURANT

これを食え ― ❶
冷たくて逆に新鮮！
冷製ステーキ

わざわざ冷たくして提供する武藤氏の冷製ステーキ。部位はカタサンカク、トウガラシ等のウデの部位が多いです。同じ赤身でも水分量の違いで前脚は味が濃い。冷やしてもしっかりと肉の味を味わえるので、シンプルに塩胡椒で味わうのがオススメ。

これを食え ― ❷
肉がホロッとほどけて旨味たっぷり
牛スネ肉のコンフィ

和牛のすね肉を70〜80度のオイルに6時間程度つけて、仕上げにグリルで焼き上げます。スネ肉なのにほぐれるほど、驚くほど柔らかい。入手困難なタスマニア産ヒルファームの粒マスタードと共に頂きます。

これを食え ― ❸
ああ！すき焼きのようだ！
塊肉グリル

別名、角切りのすき焼き。BBQインストラクターが塊肉を焼き、豪快に切り分けられた肉を卵の黄身と自家製の燻製醤油を合わせたタレで頂きます。焼き加減が抜群で、部位は、ウデかシンタマかランイチが多いです。

※お料理は全て10,000円のコース内。

正泰苑（ショウタイエン）総本店

（町屋）
会社同僚、肉好きの会、ファミリー向き

創業30年。肉の美味しさを追求し、ロジックで考える、進化し続ける人気店

町屋駅から徒歩15分。住宅街の中に佇むのが、「正泰苑 総本店」です。外観から、お世辞にもデート向きとは言えませんが、侮ることなかれ、地元民のみならず他県からも集う昔ながらの人気店です。

　店主曰く、「焼肉は、寿司屋と一緒でネタ勝負」。人気エリアに支店を持つので、洗練されているかと思いきや、洗練されているのは、上質にこだわる肉の方でした。基本的にモモ肉のシンタマ、とリブロースの二本立てでメニューを構成しています。

　上質な肉以外にも焼きスキには卵じゃなく出汁とろろ、野菜焼きは味付きスプレーをかけ、山葵もオリジナルブレンド、焼肉専用ガリも開発し、塩味の肉にのせて食べる青唐辛子を考案。軸を持ちつつ、常に進化し続けるところが人気の秘密。

　密閉度の高い切り出し七輪や、白炭、ステンレスの網、垂れる肉汁から煙の肉へのまとわせ方。美味しさをロジックで考え、熱を効率的に肉に届ける美味しさの追求に余念がない。

POINT 1 外観のレトロさと上質な肉質のギャップに脱帽！ 下町の超人気店。

POINT 2 看板メニューの「上カルビ」は度肝を抜かれるインパクト。それもそのはず、実は、中身はリブロース芯（旨いはずや！）。

Yakiniku Journeyの独り言

和牛のすね肉の良質な部分を炭火で炙った肉めし（529円）がお土産にできます。プレミアム肉めし（1,404円）もOK。薬味のオススメは、清辛/食べる青唐辛子（160円）。自社で開発した甘めの焼肉専用のガリ（160円）も。

SHOP DATA

正泰苑（ショウタイエン）総本店

［住所］ 東京都荒川区町屋8-7-6
［電話］ 03-3895-2423
［営業時間］ 17:00〜翌0:30
［定休日］ 無休 ［席数］ 40席
［平均予算］ 6,000円〜7,000円
［焼台］ 炭火

これを食え――❶

リブ芯で度肝を抜かれる！

塩上カルビ

正泰苑一門の看板メニューは、20年の歴史を誇る塩上カルビ。スターターとして食べたい。塩上カルビとして提供されていますが、実はリブ芯なので、山葵醤油をたっぷりがオススメ！ 1,650円。

これを食え――❷

美しさに声が出る！

焼きスキ正泰苑

キメ細かなカメノコウを薄切りにし、たっぷりタレを付けてさっと炙ります。卵付きですが、オススメは出汁を効かせた［ふわふわとろろ月見］。卵のこってり感を一蹴する味わい。1,450円。

これを食え――❸

ほどよくサシが入った肉塊

柔らかもも

シンシンの部位を塊で分厚くカット。表裏と４側面をしっかり焼き上げ、おろしポン酢で頂きます。＋200円でカットし、寿司にしてもらえます。1,780円。

これを食え――❹

あなたに会えてよかった!!

600時間熟成タン

総本店で熟成させる600時間熟成タン。タン先、タン中、タン芯、タンスジのパーツごとに切り分けてお重で提供します。焼いてレモンを直搾り、タンスジの熟成はまるでベーコンのよう。2,900円。

これを食え――❺

氷は削るのではなく、切るのだ！

みんなでかき氷

かき氷の極意は、氷を削るのではなく切ること。茅ケ崎の人気かき氷店［埜庵］をフィーチャーしたふわっふわのかき氷は、シロップ別で提供。オリジナルの苺、マンゴーシロップは果実を残すこだわり。みんなで取り分けながら楽しみたい。1,080円。

※価格は全て税込み。

肉のすずき

（浅草）
会社同僚、デート、肉好きの会向き

巨大肉冷蔵庫の扉を開けると、そこは肉蔵
黒毛和牛厚さ２cmのトップタンは唸る旨さ！

GOROGORO会館付近に知る人ぞ知る重厚感のある業務用巨大冷蔵庫の扉があります。焼肉好きの聖地巡礼にも掲げられるその扉を開けると、そこは魅力的な肉蔵、肉のすずきがあります。内臓メインの肉卸サンリョウの直営店で、正肉の仕入れは、脂質、肉質共に上質な田村牛のみにこだわっています。特徴は、とにかく提供される肉の厚さ。

厚さをいちばん実感できる「特選和牛タン」は、タン芯部分で厚さ2cmサイズの隠し包丁入りで、しっかり火入れした後にはサクッと食べきれます。

上質なお肉なのに、リーズナブルです。冷凍は一切かけず、芝浦屠場より、すぐに入ってくる新鮮さです。良い状態の肉しか販売しない信念なので、品切れもあります。お目にかかれた時には、思い切って厚切りの特選肉を攻めたい。こぶ締めしている国産ミノがあれば超ラッキーです。タレは、醤油、レモン汁、ポン酢に山葵と大根おろしでシンプルに味わいます。

Yakiniku Journeyの独り言

調味料は醤油、レモン汁、ポン酢、山葵、大根おろしが提供されますが、メニューにないトリュフ塩（別売り）がオススメ。特にヒレ肉を食べる際には、ぜひお試しを。とにかく肉が厚いので、焼きはスタッフに声をかければ焼いてもらえます。

POINT 1 食肉卸売会社の直営店だからこその仕入れの底力、普段、あまりお目にかかれないサイズの厚切り肉をまざまざと見せつけられます。

POINT 2 特に厚さ2cmカットの特選和牛タンは目にも、舌にも噛む歯にも幸せになる驚きの一品。

SHOP DATA

肉のすずき

［住所］　東京都台東区浅草4-11-8
［電話］　050-5869-3814
［営業時間］　火～土18:00～23:00、日祝17:00～22:00
［定休日］　月
［席数］　24席
［平均予算］　8,000円～9,000円
［焼台］　ガス

これを食え——❶
厚さ2cmに驚き、旨さに唸る
特選和牛タン

タンの中でも特に希少価値の高い、黒毛和牛のトップタンを贅沢にも使用。しかも厚さ2cmを誇る超オススメの品。表裏をしっかり火入れし、ハサミでカットしてこんがり焼いてから、山葵醤油で。2,800円。

これを食え——❷
溢れ出す肉汁!!と一緒に食いちぎるのが旨い
特選和牛ハラミ

厚切りハラミといえど、なかなかこの厚さではお目にかかれないすずきのハラミ。撮影当日は厚さ1.7cm。ハラミもしっかりと火入れし、側面も焼いて、ハサミでカットし頂く。この厚さならではで、噛むと繊維質から溢れ出す肉汁を思いっきり堪能したい。2,450円。

これを食え——❸
あえてポン酢と大根おろしで！
希少部位 ランプ

こちらも分厚い特選ロース。撮影当日は、きれいに霜の入った美サシのランプ肉。他の高級部位と見紛うほどの美しさ。お店オススメのポン酢と大根おろしで頂く。3,500円。

これを食え——❹
食肉卸直営の実力を発揮！
アブ芯

脂付きのハツ（心臓）で、さっと火入れするとサクッと歯切れ良くジューシー。内臓がメインの食肉卸直営店の実力が分かる新鮮さ。700円。

肉のすずき　YAKINIKU RESTAURANT

肉山 総本店

（吉祥寺）
会社同僚、肉好きの会向き

赤身塊肉ブームのパイオニア。肉山グループの総本店は、肉好きが登るべき吉祥寺の霊峰

赤身塊肉界の入山困難の店「肉山 総本店」が吉祥寺の地に登場したのが、2012年11月15日。部位ごとに焼き方を研究し、牛以外にも野性味溢れる馬や鹿など、5、000円のコースで大量に登場する赤身肉で腹がはちきれんばかりに、下山困難とまでいわれ、数々の伝説を残した開祖・光山氏は一線を退きましたが、2代目店長の横関哲也氏がなかなかのアイデアマン。当日の仕入れ状況などで変わりますが、ケジャンソースのパスタや、プリン、ジェラートも登場します。ベースである赤身塊肉の伝統を守りつつ、新しいことにもチャレンジし、エネルギッシュに店を盛り上げます。コースは牛をメインに鹿や馬などいろんな赤身肉がたっぷり登場します（仕入れ状況により変更あり）。1人当たり数枚食べられるので、まずは、そのままの塩味で。次の1枚は、柚子胡椒や、粒マスタードで頂きたい。飲み放題を付けても10、000円というわかりやすい価格設定です。

Yakiniku Journeyの独り言

肉山では、「肉」バッジを製作し、10種類の色があります。肉山に無事に登頂できた（食べきった）暁には記念に1個、リクエストするとご褒美としてもらえます。ぜひ10回訪店して10種類コンプリートしたい。私は持っています（自慢!!）。

POINT 1
お店スタッフが焼く肉の火入れが絶妙。仕入れ状況により変化しますが、赤身の塊肉をたっぷり食べられます。〆のご飯が楽しみです。ケジャンのタレ入りカレーか、ごま油と塩で味付けした卵かけご飯のどちらか選べます。

POINT 2
2018年5月22日に「肉山Bangkok」オープン。海外初出店。

SHOP DATA

肉山 総本店

［住所］ 東京都武蔵野市吉祥寺北町1-1-20 藤野ビル2F
［電話］ 0422-27-1635（電話での予約は当分お休み）
［営業］ 完全予約制。月～金17:00～（1巡目）、20:00～（2巡目）
土日12:00～（1巡目）、17:00～（2巡目）、20:00～（3巡目）
［定休日］ 無休 ［席数］ 20席
［平均予算］ 6,000円～10,000円
［焼台］ 炭火

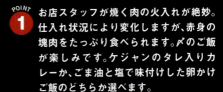

これを食え——❶
実は、焼いても美味しい！
パテ・ド・カンパーニュ

コースの最初に出てくる一品。脂でまわりがコーティングされていますが、そこまで脂っこさは感じません。実は焼いて食べる方が美味しいというのが常連の定説。コースのスタート前に伝えてみよう（途中からはNG）。

これを食え——❷
肉がギューギューに詰まった
肉山ソーセージ

2品目に登場するボリューミーなソーセージ。100％岩手の短角牛をミンチにした、ソーセージ。ソーセージながら、ほぼ肉といっても過言ではない、肉山らしさを感じる一品。

これを食え——❸
オリジナル粒マスタードとの相性抜群!!
赤身塊肉

赤身塊肉の焼肉。阿蘇のあかうしを使用し、絶妙な火入れで焼かれます。仕入れによりますが、イチボ、ランプ、シンシンなどは多く登場します。肉山で販売もしている名物、粒マスタードで食べても美味しい一品。

肉山 総本店　YAKINIKU RESTAURANT

※お料理は全て5,000円のコース内。

焼肉赤身 にくがとう

（人形町）
会社同僚、肉好きの会向き

西京味噌漬けやリードヴォー、熟成肉の焼肉など 独自の食べ方を提案する、焼肉ワンダーランド

焼肉のワンダーランドというべきお店です。フレンチ、和の要素を織り交ぜ、熟成肉は塊じゃなく焼肉で、様々な部位を、いろんな食べ方でが基本。珍しい部位の「子牛のリードヴォー」はフレンチ風に、西京味噌漬けにした「サガリ」は和風、生胡椒を効かせた「ヒレの至福握り」、すき焼き風に焼き上げた肉を茶卵に浸して食べる「元祖イチボの一枚焼き・すき焼き風」「和牛A5赤身ロック」、ニンニクとパセリを添えたエスカルゴバターの「タンのブルゴーニュ風」など。デザートのかき氷は、抹茶味、プリン味までタレントが豊富。

飽きさせない焼肉こそ、にくがとうの真骨頂。店主の三浦さん（愛称肉ちゃん）は「1枚ずつ、いろんな食べ方ができるコースで食べて欲しい」といいます。なお2人様の初回限定コース5、250円から。コースは、4段階（5、500円、6、000円、8、000円、10、000円）。一段階ずつ、上ってきて欲しい。

Yakiniku Journeyの独り言

店主三浦氏（愛称肉ちゃん）のインスタをフォロー。希望すれば、インスタのメッセージ経由で、にくがとう人形町本店の裏コースが食べられます。https://www.instagram.com/nikugatou_owner/

POINT 1 アラカルトより、いろんな肉をいろんな食べ方で味わえるコースが圧倒的にオススメ。常連になれば、VIPコースも堪能できるかも。

POINT 2 田町・三田店「にくがとう33895」でも、同じメニューが食べられる！

SHOP DATA

焼肉赤身にくがとう

［住所］ 東京都中央区日本橋堀留町1-6-7
［電話］ 050-5595-0930
［営業時間］ 月～金17:00～翌00:00、土日17:00～23:00、プレミアム肉フライデー（月末金15:00～）
［定休日］ 無休 ［席数］ 46席（1階26席、2階個室VIPROOM 20席、8名より）
［平均予算］ 5,000円～7,000円 ［焼台］ 炭火

焼肉赤身にくがとう　YAKINIKU RESTAURANT

これを食え ①
これは、フグの唐揚げ⁉
子牛のリードヴォー

まるで、フグの唐揚げの食感。フレンチ出身のシェフがいることから、小麦粉をまぶしてからカラッと焼く、子牛のフュージョン料理として考案。オーソドックスなバルサミコソースで食す。裏メニューとして、マデラソース、クリーム煮、カレーソースもあります。珍しいメニュー。800円。

これを食え ②
酒にもコメにも合う一品！
サガリの西京味噌焼き

横隔膜の内側の部位で肉の味が力強いサガリを西京味噌漬けにし、焼肉として提供する和食のシェフの発想。味噌漬けの肉と白飯を一緒に食べてハーモニーを感じて欲しい一品。もちろん日本酒とも合う。珍しいメニュー。1,350円。

これを食え ③
ビタミン豊富な卵と一緒に！
イチボの一枚焼き

大判で薄いイチボをさっと炙り、卵を絡めてすき焼き風で食べる一品。にくがとうは力強く飽きが来ない一枚焼きを目指している。卵にもこだわり、日本一の卵と称される兵庫県産の黄身の色が深い卵を使用。通常に比べ、ビタミンEが50倍高い。1枚800円。

神戸牛炭火焼肉 日本橋イタダキ

（人形町）

会社同僚、肉好きの会、ファミリー向き

神戸ビーフに雲丹や、アルバ産トリュフなど 特選素材をふんだんに掛け合わせた特別メニューが豊富

現在の日本橋イタダキは、前身「クンサンチャーリム」という店名でした。韓国で出会った宮廷料理の献立名で家族や近しい仲間が食卓を囲み、気さくに楽しむ贅沢料理という古い韓国語で、今でも日本橋イタダキのベースにあります。その想いを引き継いで、イタダキ＝いのちへの感謝をこめて、食の頂きを目指していこうという日本橋イタダキが生まれました。

日本橋の地で老舗日本料理屋が扱う、神戸ビーフの様々な部位。生食用の認可を受けているからこそ提供可能な「但馬牛ユッケ」、築地の老舗ウニ専門卸から取り寄せる「北海道産生ウニ」、契約農家から届けてもらう濃厚な「名古屋コーチンの卵」、フレッシュにこだわり、空輸される「アルバ産フレッシュトリュフ」など。

神戸ビーフ、黒毛和種と贅沢な特選素材を掛け合わせることで、生み出される特別な肉料理。そんな特別な肉料理を普段着感覚で気さくに味わえる焼肉店です。

Yakiniku Journeyの独り言

絶品の肉のお供がリーズナブル。お肉と共にぜひ、味わって欲しい。［紀州産高級赤山椒300円］［アルバ産トリュフプレミアムバター350円］［白トリュフ塩300円］

POINT 1 ユッケは但馬牛を使用し、雲丹は北海道産の贅沢な味わい。

POINT 2 トリュフはイタリアのアルバ産とウンブリア産が有名。イタダキではアルバ産を使用。

SHOP DATA

神戸牛炭火焼肉 日本橋イタダキ

［住所］ 東京都中央区日本橋富沢町10-15 勢州屋ビル２Ｆ
［電話］ 03-3639-3577
［営業時間］平日17:00～23:00頃、金～23:30（祝日を除く）、土祝～22:30
［定休日］ 日 ［席数］ 30席
［平均予算］ 6,000円～8,000円 ［焼台］ 炭火

これを食え——❶

「口福」とは、まさにこのこと！

ウニトリュフユッケ

懐石の献立で、生食の肉と雲丹を合わせるのは昔からの伝統。但馬の牝牛のユッケに北海道産のバフン雲丹かムラサキ雲丹（時期により変わる）、そこにアルバ産のトリュフの香り。口の中で、ほどける口溶けの良さ、食感の良さ、香り、余韻までもが計算されている一品。1,980円。

これを食え——❷

口いっぱいに
大判肉を頬張りたい！

名古屋コーチンで食べる特上ミスジ

神戸ビーフのミスジを大判にカットし、薄切りで使用。さっと焼き、こだわりの名古屋コーチンの卵・名古屋コーチン会長の黄身ダレ（290円）と合わせて一気に頬張ります。これは至福。2,700円。

これを食え——❸

小躍りしちゃうくらい旨い！

三代目うに上ロース

大判にカットした黒毛和牛A５サーロインの上ロースの焼き上がりに雲丹をのせ、焼き上がったところを頂く。北海道産の雲丹が口の中で溶けて、口当たりが柔らかく、余韻が楽しめる一品。2,300円。

炭火焼肉
ふちおか

（経堂）
会社同僚、ファミリー向き

手切りカット、焼き方、タレ。「炭火焼肉 なかはら」の味を継承する、住宅街に佇むカジュアル店

経堂の商店街にスタイリッシュでカジュアルな炭火焼肉ふちおかがオープンしたのは、2017年5月。

手切りカットにこだわりをもち、焼き方、タレに関しても「炭火焼肉なかはら」の味を継承しています。立地上、コース料理もリーズナブルに設定し、6、800円（税別）で前菜3種、サラダ、焼き物6種（サーロイン、特選部位5種）、お口直し、一品料理、〆のご飯物か麺物を上質なお肉と共に頂けます。炭火焼きで肉のポテンシャルを引き上げ、肉の味を生かすような味付けにこだわっています。

実は、コース外の特選切り落とし（1、800円税別）、切り落としのオーダー（1、200円税別）は、必須です。その日の良いお肉の切り落としがドーンと大盤振る舞い。お宝が眠ります。カツサンドも事前予約したいメニュー。肉質、カット、タレといい、当然、前半戦からライスが欲しくなる店です。そこは、後半戦を気にせずReady Go!

Yakiniku Journeyの独り言

予約の際、事前に伝えれば（1週間前が目安）、ガーリックライスやヒレカツサンドなどの裏メニューも提供できます。お値段は応相談。

POINT 1 鹿児島牛・宮崎牛・田村牛を主に使用。肉のカットにも絶対の自信。

POINT 2 炭火焼肉なかはらの味をカジュアルに頂けます。学生や新社会人のちょっと背伸びしたデートに最適。

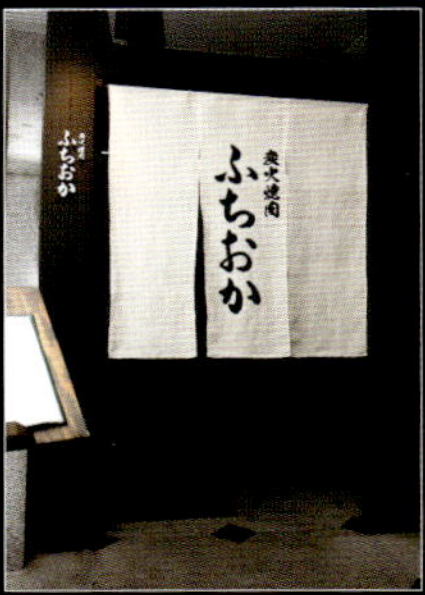

SHOP DATA

炭火焼肉ふちおか

[住所] 東京都世田谷区経堂1-5-8 ロイヤルハイツ経堂 1F
[電話] 03-6804-4829
[営業時間] 17:00〜23:00
[定休日] 水
[席数] 30席
[平均予算] 7,000円〜8,000円
[焼台] 炭火

炭火焼肉ふちおか　YAKINIKU RESTAURANT

これを食え ①
「七厘」時代から人気
メンチカツ

「炭火焼肉なかはら」が七厘（三ノ輪）時代の人気メニューが経堂の地で華麗に復活。和牛の塊のようなメンチカツを塩胡椒だけのシンプルな味付けで。和牛の良さを引き出すために衣も薄めにし、〆の前に登場します。「あぁ肉食ってるなー」と感じるふちおか名物。コース料理の一品。6,800円のコース内。

これを食え ②
表と裏の合計5秒で焼ける究極肉！
サーロイン

コースの最初から悶絶するサーロイン。げん骨のスープをベースにしたタレにつけ、美しく盛られたサーロインをさっと焼きで頂く。1.5mm程度にカットされた肉を、3秒焼いて、裏返し2秒程度で頂く。3,600円。

これを食え ③
こんなキレイな赤身見たことない！
タレ3種盛／赤身

カットにこだわるタレ肉。仕入れ状況によりますが、シンシン、カメノコウ、トモサンカク。ミスジ等、基本赤身肉にこだわって提供しています。6,800円のコース内。

炭火焼肉 あもん

（池袋）
会社同僚、肉好きの会向き

ローストビーフ丼に始まり、名物バーガーも登場！ 池袋を代表する焼肉店

JR池袋駅から徒歩15分。ラブホテル街に遭遇しますが、悶々としながら突っ切りましょう。突っ切った先のご褒美として「炭火焼肉 あもん」の看板に遭遇します。長年愛され続け、隠れ家的な雰囲気を醸し出すのが、都内屈指のこちら。

ここで食べたいのは、やはり肉の特選コースです。いきなりご飯物のローストビーフ丼からスタートするインパクト。続きの肉前菜、特にロースの雲丹巻きには、見た目に悶絶、口に運んで悶絶。想像を超える驚きと感動の一皿です。塊肉を含めた塩肉、タレ肉、ホルモンまで希少部位を織り交ぜながら、たくさんの種類を食べられるのは嬉しいところです。〆に登場するのは、炭火焼肉 あもんの名を轟かせたミニハンバーガー。焼肉屋さんの〆には、カレー、牛丼あれど、「あぁこの手があったのか!?」。元々、裏メニュー的に存在した焼肉屋さんのハンバーガー。パンの人気店、「ベッカーフジワラ」のバンズに包んで頬張ります。

Yakiniku Journeyの独り言

塩は、トリュフ塩、ワイン塩、燻製塩の3種類あります。スタッフに注文すればもらえますので、自分好みの塩を見つけて肉を頬張りましょう。当日の仕入れ状況により、メニューにない部位がある場合も。ぜひスタッフに聞いてみてください。

POINT 1 最早、名物!? 〆を飾る焼肉屋さんのミニハンバーガーで悶絶。

POINT 2 実は、アラカルトで注文するより、コース料理がお得なのです。

SHOP DATA

炭火焼肉 あもん

［住所］ 東京都豊島区池袋2-69-1 新井ビル1F
［電話］ 03-3981-0304
［営業時間］ 月～土11:30～14:30（ランチメニューのみ）、17:00～翌0:00、日祝12:00～23:00
［定休日］ 年中無休（12/31～1/3休み）
［席数］ 35席 ［平均予算］ 8,000円～10,000円
［焼台］ 炭火

これを食え――❶

いきなりご飯物からスタート!?

小さなローストビーフ丼

コースの最初を飾るのは、なんとローストビーフ丼。オリーブオイルと塩で味付けられたご飯物からスタートする、なんともインパクトのある一品。

これを食え――❷

女子ウケ間違いなし！

肉前菜

肉前菜として3品登場する中で、オススメするのはロースの雲丹巻き。サーロインかミスジ（仕入れ状況により変わる）に北海道産の雲丹をのせ、ビジュアル的にも美しいところを一口で頬張りたい。

これを食え――❸

肉の味をとことん堪能！

ヒレの塊肉

こだわり抜いた極上のヒレ塊肉を豪快に焼き上げ、シンプルに塩で味わう絶品炭火焼肉。

これを食え――❹

あもん名物！

ミニハンバーガー

コースの終盤を飾るのは、名物ミニハンバーガー。幅3.5cm、厚さ2cmの焼肉屋さんのハンバーガーを人気店ベッカーフジワラのバンズと合わせて頂きます。

※お料理は全て9,880円(税込み)のコース内。

韓灯 (ハンドゥン)

（月島）
会社同僚向き

正肉もホルモンも均等に切り分けて、見た目の美しさ、肉の旨さを提供する玄人好みの店

月島駅、徒歩1分。駅近の好立地にひっそりと灯りを灯して営業するのが韓灯。元々、福岡の小倉で17年営業していた実力店が、月島の地に降り立って13年目を迎えます。隠れた焼肉激戦区の月島にあって、派手さはありませんが不動の地位を確立しているのは、その仕事ぶりの丁寧さにあります。それはホルモンを見れば分かります。特にセンマイは、通常、ビラビラがついていますが、一枚ずつ剥がして、丁寧な洗いが行われています。カットにもこだわりがあり、名物「牛一頭セット」を注文すると、それぞれの部位の特徴を活かし、均等に焼き上がるようサイズを揃えたカットが非常に美しい。カボス果汁（100円）、サービスの自家製コチュジャンでやさしく頂きたい。

焼肉と人気を二分する鍋料理も化学調味料を使用せず、素材の味を引き出します。代表格は、韓国風もつ鍋のコプチャンチョンゴル。サムゲタン、タッカンマリは事前予約必須です。

Yakiniku Journeyの独り言

メニューにはありませんが、要望があれば、ケランチム〔韓国風茶碗蒸し1,500円〕は、提供できます。ただし、厨房に余裕がある時のみで、お願いしたいところ。

POINT 1 お肉セットはぜひ注文を。派手さはありませんが、焼き上がりが均等になるようにサイズを揃えた見事なカットは、まさに月島の仕事人のなせる技。

POINT 2 特にセンマイを食べて欲しい。丁寧な洗いと仕事ぶりで圧倒。

SHOP DATA

韓灯（ハンドゥン）
［住所］ 東京都中央区月島2-8-12 AS ONE 月島B1F
［電話］ 03-3536-6635
［営業時間］ 17:30〜23:30
［休日］ 月（祝日は営業）
［席数］ 36席 ［平均予算］ 6,000円〜7,000円
［焼台］ ガス

韓灯　YAKINIKU RESTAURANT

これを食え──❶
人気部位8品入った
ホルモン盛り合わせ

韓灯のホルモン人気部位を8品集めたホルモンのセットメニュー。珍しい部位、喉ナンコツが味わえます。中でもセンマイは特に味わって欲しい一品。手間のかかるセンマイの丁寧な仕事ぶりが分かります。ミノ、シマチョウ、レバー、マルチョウ、ハツ、センマイ、ホッペ（ツラミ）、喉ナンコツ。1,500円。

これを食え──❷
正肉も食べたい人はコレ！
牛一頭

韓灯の正肉含めた人気部位を10品集めたお肉のセットメニュー。ホルモンは、牛一頭と7品重なります。ロース、カルビ、ホッペ（ツラミ）、ハラミ、ミノ、シマチョウ、レバー、マルチョウ、ハツ、センマイ。好みの枚数で切ってもらえます。2,800円。

これを食え──❸
厚切りと薄切りを食べ比べ
タンシン

タンの一番根本の部位で、韓灯人気のベスト3にランクされています。酸味の強いレモンではなく、大分より取り寄せているカボス果汁（100円）で食べるのが、やさしい味わいでオススメ。2,800円。

焼肉炭聖（タンセイ）根津本店

（根津）
会社同僚、ファミリー向き

ネーミングの妙！ 和風だしで食べる「幸せの絨毯」売り切れ御免のトップサーロインは必食！

下町情緒溢れる谷根千の根津駅から5分。千駄木駅から5分。根津神社付近にお店があり、A5ランクの上質の和牛をリーズナブルに味わえます。

4人以上の人数で行けるなら、売り切れ御免のメニューはオーダー必須でしょう。「金モモ」はトモサンカク、「銀モモ」はシンシン、「牛モモ芯短冊焼き」という名のおもしろいネーミングメニューはぜひ、制覇して頂きたい。

中でも目指すべきは、大判のトップサーロインをさっと焼き、和風だしで食べる「幸せの絨毯」。まずは肉の大きさに驚き、次は豪快に焼いているところを見て楽しみ、食べて幸せになれる一品です。

タン塩は１００円プラスして、ネギタン塩にしてからの片面焼きが可能です。

オーナーが、下町焼肉の名店・町屋の「正泰苑 総本店」で修業したお店なので、上質の焼肉を楽しむにはもってこいのお店です。

Yakiniku Journeyの独り言

リブ芯ステーキは、ひつまぶし風に3段階の食べ方をします。最初は、柚子胡椒。2回目は、ごま油と塩で軽く味付けした肉に山葵醤油を垂らして、ご飯と一緒に丼に。3回目は、和風だしをかけてお茶漬け風にします。美味しさの三段活用。

POINT 1 売り切れ御免メニューがあり、事前予約必須です。「幸せの絨毯」「金モモ」「厚切り上ハラミ」「赤身ステーキ」「和タン食べ比べ」

POINT 2 和牛の握りは根津本店のみ！

SHOP DATA

焼肉炭聖（タンセイ）根津本店

［住所］ 東京都文京区根津2-37-3 本郷ビル2F
［電話］ 03-5832-9739
［営業時間］ 17:00～翌0:00
［定休日］ 月
［席数］ 35席
［平均予算］ 5,000円～7,000円
［焼台］ 炭火

これを食え――❶

売り切れ必至のご褒美メニュー！

幸せの絨毯

幸せの絨毯の正体は、１枚単位で注文できる縦20㎝、横10㎝はあろうかという、大判のトップサーロイン。薄切りのトップサーロインは、お店のスタッフが、焼いてくれます。網上でクルクル巻かれて提供される肉は、人参、キュウリ、ネギ３種類の野菜が入った和風だしに付けて頂きます。売り切れ必至メニューで1人1回のオーダーです。1枚900円。

これを食え――❷

実はリブロース！

塩上カルビ

ほとんどのお客さんがオーダーするのが、この塩上カルビ。上カルビというメニュー名なれど、提供している部位は、リブロース芯とリブを巻く、マキかぶり。通常のカルビより脂が上質だから、美味しいはずです。塩は振られていますが、さっと炙って、特製山葵ダレで、さっぱりと頂ける一品です。1,500円。

これを食え――❸

生山葵と食べると旨さ倍増！

赤身ステーキ

塊肉で肉の旨味が十分に味わえる赤身ステーキがオススメ。部位はカメノコウなど。スタッフが目の前で焼き、アルミホイルで余熱を入れた後にカットされて提供されます。山葵か柚子胡椒で頂きます。150gからの量り売りです。100g 1,500円。

房家（ボウヤ）本郷三丁目店

（本郷三丁目）
会社同僚、ファミリー向き

A5ランク黒毛和牛一頭セリ落とす！希少部位の盛り合わせを4種類の自家製タレで

隠れた焼肉激戦地は、日本最高学府のお膝元である本郷三丁目。そこで存在価値を見せるのは、房家の一頭買い。一頭買いを名乗る店は数あれど、こちらの「元祖一頭買いの盛り合わせ」は魅力的です。

銘柄を指定せず、状態の良いA5ランク黒毛和牛の厳選一頭買いは、希少部位を含めた盛り合わせ（房家一頭盛り、厳選盛り、マル得盛り、厳選希少7種盛り）メニューが豊富。複数部位食べ比べが、和牛一頭買いの醍醐味です。

食べ方にもこだわりがあります。4種類の自家製タレ（醤油、和風だし、おろしポン酢ダレ、梅ダレ）と岩塩、山葵を用意しての食べ比べ。〆は、本郷三丁目店だけで年間2・5万食売る「盛岡練りだし手打ち冷麺」。岩手県盛岡から黄金比率で房家の冷麺のためだけにブレンドした、3種の小麦粉と高級北海道でんぷんの入ったコシの強さが特徴の冷麺。冷麺専用キムチまであり、麺、スープ、専用キムチの三位一体のツルシコののど越しを体験したい。

Yakiniku Journeyの独り言

ご自慢の盛り合わせ、炙り系のメニューは、スタッフにお願いすると美味しく焼いてくれます。部位にあった食べ方も教えてくれるので、ここはアドバイスを受けたいところ。

POINT 1 四の五の言わずにまずは食べたい、元祖一頭買い盛り合わせ。食べ方にもこだわって、4種類の自家製タレ（醤油、和風だし、おろしポン酢ダレ、梅ダレ）と岩塩、山葵を用意。

POINT 2 2018年3月20日に「房家　本郷別館」がニューオープン。

SHOP DATA

房家（ボウヤ）本郷三丁目店

［住所］ 東京都文京区本郷2-26-8 ワカナビル1、2F
［電話］ 03-5840-9889
［営業時間］ 17:00～23:30
［定休日］ 年末年始
［席数］ 55席
［平均予算］ 5,000円～6,000円
［焼台］ 炭火

房家 本郷三丁目店
YAKINIKU RESTAURANT

これを食え―❶
牛を食いつくせ!!
厳選希少7種盛り

仕入れの状況により変更ありですが、例えば、サーロイン、ミスジ、ザブトン、タテバラ、カタサンカク、ランプ、モモなど、希少部位のオンパレードな盛り合わせメニューをこの価格で味わえるのはお得。2人前から注文可能。1人前2,980円。

これを食え―❷
岩塩か4種のタレで食べるか悩ましい
タン盛り合わせ

冷凍しない、チルドの生タン盛り合わせです。盛り内容は、特タン芯、タンスジ、上タン、タンサキ、タンシタを余すところなく味わえる人気の盛り合わせ。タンに相性抜群の梅ダレ、ポン酢ダレで多種多様な食感を味わいたい。長いタンも炙りタンしゃぶで楽しめます。1,580円。

これを食え―❸
まるでフグ刺し!?
ミノ炙り刺し

珍しいミノの炙り刺身。特上ミノの分厚いところを薄切りにし、少し炙って、紅葉おろしと青ネギを巻いて食べると、あら不思議。まるでフグ刺しのよう。780円。

これを食え―❹
ボリューム満点！シャリが見えません
和牛あぶり寿司

本格的なシャリの上には、長さで全長15cm、横4cmを超える肉。食べ応え抜群です。上赤身はモモの部位、上白身はサーロインを使用した肉寿司です。上赤身一貫480円、上白身一貫580円。

赤坂 大関

（赤坂）
会社同僚、肉好きの会向き

赤坂の路地裏にある居酒屋風の名店焼肉で「上一匹コース」400gを攻めたい

大人の街、夜の赤坂。洒落た焼肉店が多い中、煙モクモク、ボリューミーな横綱クラスの肉量で人気を博す、それが「赤坂 大関」です。名店が名を連ねる赤坂で、居酒屋のような佇まいは、異色の存在。人気の秘密は、気取らなさと店名にもなっている「大関」を連想させるような豪快な厚切りの肉盛りコースにあります。赤坂 大関は、[牛一匹コース]か[牛半分コース]をオーダーした方が圧倒的にリーズナブル。しかも分厚くカットされ、ボリューミーな美しい肉盛り皿で提供されます。

[牛一匹コース]か[牛半分コース]には、上か並があり、その日の気分、フトコロ事情に合わせてオーダーしましょう。コースは塩味→タレ味→味噌味と、だんだん味が濃くなるので、途中から白飯のお供は欠かせません。その時は遠慮なく、白飯と一緒にお相撲さんクラスの、いやいや上位陣の大関クラスのボリューミーな肉をかきこみたい。

Yakiniku Journeyの独り言

テーブルにはない、柚子胡椒、山葵、コチュジャン、生姜おろし、ナンプラーの調味料は、スタッフに注文を。[海老ラー油]は、オススメで桜エビを炒って香りを出し、唐辛子、ニンニク、ごま油で味付け。香り良く、肉の違った側面を引き出してくれます。

POINT 1 単品をオーダーするなら圧倒的にお得なコースの[牛一匹コース]か[牛半分コース]をオーダーしよう。

POINT 2 [牛一匹コース]は、1皿目が精肉とホルモンの塩味盛り合わせ7種類140g、2皿目は精肉厚切りのタレ味盛り合わせ125g、3皿目はホルモンの味噌味盛り合わせ7種類140g。牛半分コースは、3皿目がないパターン。

SHOP DATA

赤坂 大関
[住所] 東京都港区赤坂3-18-12
[電話] 03-3586-5456
[営業時間] 17:00～23:30、日祝15:00～21:00
[定休日] 無休
[席数] 58席
[平均予算] 7,000円～10,000円
[焼台] 炭火

これを食え——❶

まずは塩味盛り合わせ！

[上一匹コース]の1皿目7種

精肉とホルモンの塩味盛り合わせ7種類140g。タテバラ、ハツ、ハラミスジ、ゲタカルビ、カシラ、ギアラ、シビレ。正肉とホルモンのミックスを塩ダレ（塩、ごま油、ニンニク）でさっぱりと味わう、1皿目からおもしろい組み合わせを堪能。仕入れ状況により、若干変更あり。

これを食え——❷

厚切りのタレ味盛り合わせ！

[上一匹コース]の2皿目5種

精肉厚切りのタレ味盛り合わせ125g。基本部位は、上ハラミ、ザブトン、上ロース、ランプ、イチボ。事実上のコースのメイン皿をご自慢のタレ焼肉、厚切りで頂きます。仕入れ状況により、若干変更あり。

これを食え——❸

味噌味盛り合わせ

[上一匹コース]の3皿目7種

ホルモンの味噌味盛り合わせ7種類140g。基本パターンは、牛のコブクロ、レバー、コプチャン、ヤン、ハチノス、センマイ、ホルモン。コチュジャンベースの味噌ダレが濃いめなので焦げやすい。焼き方に注意。仕入れ状況により、若干変更あり。

※お料理は全て[上一匹コース]2人前8,220円内（並は2人前5,320円）。価格は全て税込み。

焼肉ケニヤ

（三宿）
会社同僚、ファミリー向き

スパイスで魅了するニューウェーブ系焼肉！
店内は昭和大衆焼肉屋で、ギャップ萌え

オープンしてまだ1年強の焼肉店で、まさかのギャップ萌えを味わうことになろうとは。三宿の古民家を改装し、2017年4月17日にオープンしたのがこちら。1Fのスタンディングスペースを通り越し、2Fは心地良い風が吹き抜ける空間で、いかにも昭和の大衆焼肉屋に一気にタイムスリップ。正直なところ、ケニヤの看板とは程遠い内観です。

いざ、メニューを見ると、オリジナルのスパイスに漬けたホルモン、中東スパイス、チミチュリなど、次々とスパイスが目に飛び込んできて斬新。昭和の香る焼肉店で、異国情緒溢れる味。焼肉もスパイスで食べる時代になったのか!? とワクワクします。

スパイス焼肉×昭和大衆の内観＝ケニヤ。さらに、ヤザワミートの肉質。ギャップ萌えと言わずに、何と言う?

フムスや、キャベツの千切りヨーグルトミントソースなど、他の焼肉店では見かけないようなメニューもまだまだ気になります。

Yakiniku Journeyの独り言

予約するなら2Fの窓際が絶好のロケーション。スパイスホルモンor自家製メルゲーズとキャベツの千切りヨーグルトミントソースを注文したら、シェフにこっそり「フラワートルティーヤ」をお願いしてみて。異国情緒溢れる味わいが楽しめます。

POINT 1 塩やタレだけじゃない！　焼肉をスパイスで食べる次世代焼肉の提案。

POINT 2 1Fは夕方から立ち飲み食い、2Fも昭和大衆焼肉屋の昭和感がたまらない。でも精肉は、あのヤザワミート特約という実力店。

SHOP DATA

焼肉ケニヤ

［住所］　東京都世田谷区三宿1-4-18
［電話］　03-6413-8838
［営業時間］　16:00～翌0:00（1F）、16:00～23:00（2F）
［定休日］　水
［席数］　24席（2F）、1Fは立ち食い席で10人程度
［平均予算］　6,000円～8,000円　［焼台］　ガス

焼肉ケニヤ　YAKINIKU RESTAURANT

これを食え──❶
香りよし！食べてよし！
ミックス特製スパイスホルモン

看板メニューのスパイスホルモン。主にレバー、ハツ、ミノ、シマチョウ、リードヴォー、ミノサンドの日替わり5種類。肉焼きの仕上げに、特製スパイスを再度たっぷり付け、焼き上げるのがケニヤ通。鼻腔をくすぐる香りを楽しむ！1,900円。

これを食え──❷
まさに中東!!
仔羊のモモ肉チュニジアスパイス

スパイス（ローズマリー、タイム、ニンニクなど）に漬け込まれた仔羊肉をしっかり焼き、力強いチュニジアスパイス、マイルドな中東スパイス（コリアンダーとシナモンなど）をたっぷり付けて頂きます。まさに中東。1,800円。

これを食え──❸
3種のマスタードで頂く
特ロース

ヤザワミートから仕入れる特ロースは厚切りで、100g単位で選べます。オススメの食べ方は、3種類のマスタード（通常、スパイシー、ワインをつくる時に出るブドウの搾りかすと合わせたムタルドビオレットマスタード）を別注し、違いを味わいながら堪能して食べるのがオススメ。100g 2,800円、写真は200g。

これを食え──❹
見た目はボロネーゼ!! # 麻婆麺

見た目がボロネーゼのようですが、ピリリと辛く、癖になるのが〆の名物、麻婆麺。豆板醤、トウチ、山椒など独自配合したスパイスを細めの手延チャンポン麺にあえ、リキュールのペルノで風味付け。具材のひき肉やソースが余れば、追加ご飯にぶっかけ、二度〆るのが通。1,200円。

ヒロミヤ本店 ハナレ2F個室

（曙橋）
会社同僚、肉好きの会向き

家飲み感覚のセルフスタイル焼肉のハシリ！ 上質の焼肉と飲み放題のお酒、炊飯ジャーからの白飯を

ヒロミヤ本店横のピンクドア、通称［どこでもドア］を開け2Fに上がると、そこはさながら、家飲み肉会ワールド。15～25名の貸切個室がこちらの会場となります。

肉コースは、全ての肉が盛り付けられて運ばれてくるので、あとは冷蔵庫にあるお酒と白飯を自分で用意してスタンバイ。日本酒やビールなどのドリンクを始め、炊飯ジャーに用意されたご飯全てが、個室にある分、飲み食べ放題です。

こちらは、他店に比べ特に自由度が高く、お酒の持ち込みが自由で無料。さらに白飯用の卵や海苔、コンビーフも持ち込みOK。塊肉など好きな肉を持ち込んで焼くこともできます。

3時間というちょうど良い時間は、イベント焼肉には最適。この自由度の高さを利用し、ホームパーティーさながら。記念日焼肉にぜひ。

また最近では、インスタを使うお客さんの要望に応え、ネタケースに照明を当てるなど、より肉を美味しく見せることにこだわっています。

Yakiniku Journeyの独り言

ヒロミヤ本店 ハナレ2F個室をご紹介したのは、本店2F個室、3号店2F個室より、若干ですが、まだ予約が取りやすいから。15～25名と人数が多い肉イベントには向いています。

POINT 1 肉のコースは、スターターのタン、レバー、ステーキに始まり、ホルモンまでドーンと300g。仕入れ状況により、部位は変わります。

POINT 2 2017年6月17日 ヒロミヤ本店 ハナレ2F個室は満を持してオープン。これまでの雑多な感じと綺麗さが同居する個室。3時間で、大人数のイベントでも慌ただしくありません。しかも本店、3号店個室に比べてステーキのレベルがアップ。

SHOP DATA

ヒロミヤ本店 ハナレ2F個室

［住所］ 東京都新宿区市谷台町4-1 2F
［電話］ 03-3353-6101
［営業時間］ 2F個室は17:00以降応相談。3時間
［定休日］ 不定休
［席数］ 25席
［予算］ 7,000円（焼肉コース3時間7,000円。ドリンク込み）
［焼台］ 炭火 ※初めての人は、1Fから。

これを食え──❶

分厚いタンは食べ応え十分！

タン

特に銘柄のこだわりはありませんが、柔らかいタンモトのみを使用し、食感と肉汁を楽しめるよう、分厚くカットされています。食べやすいよう切り込みも入っているので、厚切りのタンをこんがり焼いて切り込みから肉汁が出てきたところで、レモンをさっと絞って食べるのがオススメです。

これを食え──❷

新鮮だから、このエッジ！

レバー

レバーは、カットされて登場しますが、角のエッジが利いていて、形状にダレた印象がなく、かなり新鮮なものだと判断できます。プレートに付いてくるすりおろしニンニクと、塩ゴマ油をたっぷりつけてから、強火で両面をさっと炙って食べるのが美味しい食べ方です。

※しっかり火入れしてから食べてください。

これを食え──❸

レアめに焼いて、山葵と一緒に！

ステーキ

ステーキは当日の仕入れ状況により、部位は変わります。赤身のイチボ、クリ、ランプ、シンシンが多く、全て大きめのカットと肉汁で食べ応えがあります。肉は脂があっさりしている牝牛を。ステーキも厚切りなので両面しっかり焼いて中はレアめに焼き、山葵と合わせて食べるのがオススメです。

※お料理は全て7,000円（税込み）のコース内。

肉と日本酒

（千駄木）
会社同僚、肉好きの会向き

60種類の日本酒が飲み放題！
コスパ最強の貸切焼肉は、肉会にオススメ

肉と書かれた表看板が密かに目立つ20〜45名までの貸切セルフ焼肉店です。冷蔵庫から日本酒を取り出し、自分で注ぐセルフサービスが嬉しいお店。日本酒は、府中 中久、御徒町ふくはら酒店、四谷鈴傳、吉祥寺大阪屋と都内の有名4酒店から肉に合う日本酒を仕入れ。日本酒だけでも約60種類を常備しており、2時間30分飲み放題です。

コースメニューは、前菜、葉物、焼肉（塩、タレ14種）、ご飯、スープ、冷麺。肉は、当日の仕入れ状況に鑑み、バランス良くプレートで提供されます。最低20名からなので、とにかく肉好きが集まる肉会や懇親会がオススメです。日本酒好きにはたまらない谷根千エリアで、新しい焼肉の聖地と呼ぶべき存在となっています。

日本酒は、入口手前に熱燗ができる場所があります。肉に合う日本酒を取り揃えていますので、ここだけの話、山形のあの名酒も提供される場合があります。当日の幸運に乞うご期待！

Yakiniku Journeyの独り言

予約は1年〜1年半待ち。日曜など週末の方が予約は取りやすいです。予約が取れた場合、初めての人は、混雑緩和を考慮し、受付、集金を注意して準備したい。亀戸にある2号店「リトル肉と日本酒」なら少人数の予約が可能です。

POINT 1 肉はコースで塩焼肉、タレ焼肉を含めて全14種類。日本酒は4つの酒屋から仕入れ60種類を常備。

POINT 2 メニューに載らない食べ放題、スープと〆のご飯ものも侮ることなかれ。特にご飯ものは、お腹いっぱい食べてもらいたいという店長の思いが詰まっている。

SHOP DATA

肉と日本酒

［住所］ 東京都台東区谷中3-1-5
［電話］ 03-5834-7329
［営業時間］ 17:00〜（完全予約制・2時間30分）
［定休日］ 不定休
［席数］ 45席
［予算］ 6,500円のコースのみ。2時間30分飲み放題
［焼台］ 炭火

肉と日本酒　YAKINIKU RESTAURANT

これを食え──❶
珍しい緑のソースが映える！
谷中カルビ

プレートで提供されるメニューの中で、ひときわ目立つのがこの緑の九条ネギソースの谷中カルビです。提供する部位の中でも特にカルビは、お店として自信のある部位。九条ネギとアサツキを湯通ししてブレンドし、ニンニクとオリーブオイルでつくったネギソースをたっぷり付けて焼くのがオススメ。

これを食え──❷
シルキーな脂が美味しい
ザブトン

当日の仕入れ状況によって変更ありですが、肩ロースで霜降りの美しいザブトンも看板メニューで、ほぼ提供されます。シルキーな脂のザブトンは、ぜひ、さらっと焼いて食べて頂きたい。塩味になるか、タレ味になるかはお楽しみに。

これを食え──❸
牛肉がゴロッと盛られた　　焼肉屋の牛丼
牛丼

メニューには書かれていない、裏の〆メニューがあります。牛丼かカレーか、日替わりになるので、牛丼が当たればラッキーです（カレーもかなり美味しい）。入口付近に置かれた炊飯ジャーから白飯をセルフでよそい、カウンターに持って行くと、牛肉がゴロゴロ入った牛丼を豪快にかけてくれます。牛丼に追加料金はありません。さらに、オプションで生卵（1個100円）を投入することもできます。

※お料理は全て6,500円（税込み）のコース内。

GU3F
（ジーユースリーエフ）

（五反田）
会社同僚、肉好きの会向き

６人で貸切できる、完全個室セルフ焼肉
〆のオン・ザ・ライスセットが最強の高コスパ店

2016年9月より、「居心地の良いお店にしたい」と3Fのみコースの前菜、焼肉を提供し、お客さんにセルフドリンク、セルフ白飯スタイルに変更した途端に人気が爆発。焼肉のタレをテーブルに置いていないこだわりのお店です。GUのメニューは、全て味付けをして提供しています。テーブルに置いているのは、キャベツ用のコチュジャンマヨネーズと醤油ダレです。

スターターは、キムチ、ナムルの盛り合わせに浅漬けキムチが前菜。食べ放題のキャベツ、味付けネギを挟んで、韓国のり、赤身3種、ホルモンタレ、塩で4、5種、タレ焼肉3種、盛岡冷麺、オン・ザ・ライスセットが一連のセットメニュー。足りない方は、お肉のお代わり「ハラミ・カルビ」「ホルモンおまかせ」（共に100g）もあります。

前半は純粋に焼肉を楽しみ、後半は、最後のオン・ザ・ライスに向けて食べ方を構成するのがGU3Fでの通の食べ方です。タレ肉と卵ダレ、青唐辛子のマリアージュを丼で楽しむのがオススメです。

Yakiniku Journeyの独り言

GU3Fの予約は、以下のサイトからが便利です。https://yoyaku.toreta.in/gu3f/#/
FACEBOOKのGU3Fのページを登録しましょう。キャンセル情報が流れてきます。チェックしておくと意外に訪店できるかも。

POINT 1 GU3Fは、GU2F以下とは、方式、価格体系が違います。ドリンクや白飯がセルフスタイルで、破格の高コスパ焼肉を体験しよう。使い勝手も良く、トイレも3Fにあります。

POINT 2 お肉は300g程度。仕入れ状況により、提供する部位が変わります。嬉しいのが、キャベツと味付けネギの食べ放題。ネギは〆のオン・ザ・ライスセットで一工夫。

SHOP DATA

GU３F（ジーユースリーエフ）
［住所］　東京都品川区西五反田1-25-7
東京モリスビル第4　3F
［電話］　080-7004-0782　［営業時間］　一部18:00～20:30、二部21:00～23:30（完全予約制）
［定休日］　無休　［席数］　最大12席
［予算］　5,400円のコースのみ。２時間半
［焼台］　炭火

これを食え ― ❶
さっと焼きが美味！
ササミ

仕入れ状況によりますが、2日に一度は提供されるメニューです。4、5mm程度の厚さにカットされているので、片面を焼き、裏面はさっと炙る程度がオススメの食べ方です。

これを食え ― ❷
しっかり焼きが美味！
カイノミ

仕入れ状況によりますが、2日に一度は提供されるメニューです。カイノミは肉肉しさを残し、厚く食べ応えがあるように、炭火焼きに合う30g以上、7mm程度に厚切りカットされています。塩で味付けされているので、両面をしっかり焼いて食べるのがオススメです。

GU3F　YAKINIKU RESTAURANT

これを食え ― ❸
青唐辛子がアクセント！
オン・ザ・ライスセット

ご飯と卵ダレ、青唐辛子の細切りになります。最後に提供されるタレ肉をとっておき、焼き始めます。盛り付けられたご飯に、卵ダレのタレを回しかけ、黄身をご飯の真ん中に投入。卵の黄身から放射状に焼いたタレ肉を並べて、肉の上に青唐辛子の細切りと食べ放題の味付けネギをお替わりし、半々に散らして完成です。タレ肉に合うようにご飯は硬め炊きなので、タレ肉と合わせて、青唐辛子のピリッとした切れの良い辛さと共に！

※お料理は全て5,400円（税込み）のコース内。

焼肉
乙《オト》ちゃん 本店

（鮫洲）
肉好きの会、ファミリー向き

必須は大皿の盛りメニュー！ 肉のボリュームと美しさに衝撃、肉問屋直営プライスにも驚愕

京急鮫洲駅、立会川駅と、あまり馴染みのない駅が最寄り駅で、アクセスは良くなくても最高のお肉を求める肉好きにはたまらないお店です。地元民に愛され、京急沿線ではすでに知られた存在の焼肉店なのです。

東京食肉市場仲卸直営店だからこその目利き力が強みで、仕入れてくる牛肉は、奇をてらった提供の仕方があるわけではありませんが、良質の肉をリーズナブルに食べさせてくれます。肉の産地やブランドにはこだわりません。

卸問屋直送、目利きのプロが選ぶハイクオリティミートのコスパ高店なので、ぜひ、普段は食べないような部位も大皿で注文したい。特大ステーキがのったＫＩＮＧ盛りに、さらに希少部位を盛り合わせた［乙ちゃん８００もりもり盛りだく山］を筆頭に［黒毛和牛雌一頭盛り15種］大皿盛り合わせメニューもたくさんあります。家族で訪れるのもオススメですが、ぜひ、肉会で訪れたい焼肉店！

Yakiniku Journeyの独り言

予約必須の人気店。オープン時間の予約は比較的取りやすいです。狙い目。

POINT 1 東京食肉市場仲卸直営店だからこそ味わえる、この盛り方と肉の厚さ、判の大きさがすごい。

POINT 2 2013年4月オープンしたまだまだ新しい店ですが、すでに地域住民に愛されるお店です。

SHOP DATA

焼肉 乙（オト）ちゃん 本店

［住所］ 東京都品川区東大井2-5-13 乙川ビル１F
［電話］ 03-6433-2914
［営業時間］ 月～金17:00～23:00 、土16:00～23:00、日祝16:00～22:00
［定休日］ 無休 ［席数］ 88席
［平均予算］ 5,500円 ［焼台］ ガス

焼肉 乙ちゃん 本店　YAKINIKU RESTAURANT

これを食え——❶
そのボリュームに歓声とため息もれる!!
黒毛和牛雌一頭盛り15種

牛一頭、頭から、お尻まで柔らかい牝牛の希少部位が存分に味わえる見た目に華やかな大皿。牛一頭まるごと味わいたい人にはオススメ。仕入れ状況によりますが、特にザブトンとヒレはオススメです。1人前4,980円。2人前から。

これを食え——❸
タンと思えぬ美しさ!! 通称「ガメラタン」
数量限定！
国産生タン 厚切り

タン1本からわずか3人前しか取れない国産のタンモトを厚切りにカットして提供する一品。丁寧な鹿の子切りが美しく、焼くとアワビのような食感になります。仕入れがある日は、必食！ 2,480円。

これを食え——❷
豪快にかき混ぜて!!
あぶりしゃぶ
トロ丼

〆に味わいたい一品です。赤身肉（ウデのクリかモモのシンシンが多い）をユッケダレで味付けし、ご飯にダイブ。生卵をかき混ぜて、豪快にかきこみたい。

1,180円

焼肉 千里（センリ）

（駒沢）
ファミリー向き

意外と合う！ チーズフォンデュ焼肉という新食感
病みつきになる、もみ肉三兄弟も必食

東急田園都市線駒沢大学駅から徒歩15分。世田谷の住宅街にひっそりと佇む、地元客に愛されているのが「焼肉 千里」です。1965年創業、今年で53年目を迎え、三代目オーナーシェフが切り盛りしています。駅近ではなく、7割が地元客、遠方からの焼肉ファンも引き付けるのが、オリジナルもみタン、もみカルビ、もみハラミのもみ肉三兄弟。もちろん、ほかのメニューも十分美味しいのですが、このもみ肉三兄弟は、濃いめの味付けながら、病みつきになる味わい。個人的には、もみカルビともみハラミがオススメです。

別注で、石焼チーズのオーダーは、必須。ビビンバを焼く石焼の鍋にカマンベールチーズを入れ、トロットロにチーズを溶かして、焼いたもみ系の肉にチーズを絡ませて食べる別名「チーズフォンデュ焼肉」はチーズ料理かと見紛う代物でここでしか味わえません。想像以上にガーリッキーな臭い付きなので、注意せよ！

Yakiniku Journeyの独り言

毎週平日の月、火は［千里］はお休み。三代目オーナーシェフが、［一里］と名前を変えて、千里のメニュー＋オリジナルメニューを提供しています。クーポンも充実。平日来店のみ、タクシー代を最大730円までキャッシュバック。

POINT 1 とりあえずのオーダーは、もみ肉三兄弟。そのうち、もみカルビ、もみハラミは必須。ネギとニンニクのもみダレでしっかりと濃いめの味付けが病みつきになります。

POINT 2 石焼チーズを別注すべし。もみ肉を焼いたら、石焼チーズにぶちこんでトロットロのチーズに絡ませます。新感覚の肉料理、チーズフォンデュ焼肉が味わえます。

SHOP DATA

焼肉 千里（センリ）
［住所］ 東京都世田谷区上馬4-41-2
［電話］ 03-3418-7496
［営業時間］ 17:00〜22:00（L.O.）
［定休日］ 不定休
［席数］ 29席
［平均予算］ 5,000円〜7,000円
［焼台］ ガス

焼肉 千里　YAKINIKU RESTAURANT

これを食え——❶
絶妙のもみダレがウリ！
もみカルビ

看板メニュー。ごま油、塩、胡椒、ネギ、ニンニク、摺り胡麻のオリジナルもみダレでもみこまれたカルビ。濃いめの味付けなので、ご飯と共に頂きたい。カルビはショートリブを使用しています。1,250円。

これを食え——❷
和牛なのにコスパ最高！
もみハラミ

ごま油、塩、胡椒、ネギ、ニンニク、摺り胡麻のオリジナルもみダレで揉みこまれた和牛ハラミ。個人的には、濃いめのもみダレに負けていないもみハラミがオススメ。ハラミは、この価格なのに和牛のハラミ。ご飯と共に頂きたい。1,450円。

これを食え——❸
チーズフォンデュ焼肉
石焼チーズ

石焼の鍋にカマンベールチーズを入れ、チーズをトロットロに溶かします。トロットロに溶けたチーズに、焼き上げたもみカルビ、もみハラミを入れ、チーズを絡ませて食べる新食感チーズフォンデュ焼肉の完成です。最後に、石焼チーズのおこげも残さずに食べたい。850円。

これを食え——❹
海苔巻きのように巻いて食べる
上ロース

大判に切られた和牛のウチモモの部位に、自家製のタレをたっぷり付けてさっと炙る程度に焼いて、海苔巻きのように巻いて食べるのがオススメ。三代目オーナー自らが、いちばん食べたいという自慢のメニュー。タレは、創業から53年伝わる一子相伝の秘伝のタレ。2,100円。

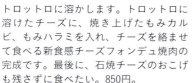

ら、ぼぅふ

（用賀）
会社同僚、ファミリー向き

食肉卸 奥吉が直営！ A5ランクの牝牛にこだわる ファミリーが集う用賀の名店

用賀駅から徒歩20分。住宅街にある喫茶店のような佇まいの焼肉店は、誕生から21年（1997年5月）を数えます。「黒毛和牛牝牛専門食肉卸 奥吉」の直営で、牝牛を一頭買いし、寝かせ、丁寧に磨きます。注文が入ってからブロック肉より切り出し、風味を損なわないようにしています。去勢牛に比べ、脂の融点が低い牝牛は口に入れると脂が溶け出し、霜降りでもしつこさを感じることなく美味しく食べられるので、牝牛A5にこだわって仕入れます。

焼肉ブームを初期から支える、こちらの肉は、未だに上質でリーズナブル。肉の旨味を存分に味わえるよう、厚切りカットはオープン当初からで、食べて欲しいのが看板メニューの冊焼き。ステーキのような厚さの上タンとサーロインは、食べ応え抜群。並カルビと並赤身は、1,000円を切りお値打ちです。週末予約は、当日14：30から予約受付。17：00からの入店になります。

Yakiniku Journeyの独り言

オススメのボードメニューをぜひ、オーダーしてみたい。その日状態が良く、食べて欲しい部位や、グランドメニューに載せていないメニュー、食べ方が日によって変わります。

POINT 1 黒毛和牛牝牛専門食肉卸 奥吉の直営で、牝牛一頭買い。リーズナブルに食べられる。

POINT 2 まず、並カルビ990円、並赤身950円から。焼肉ブームを初期から支えたお店の実力値が分かります。

SHOP DATA

ら、ぼぅふ

［住所］ 東京都世田谷区中町5-21-8
［電話］ 03-5707-0291
［営業時間］ 17:00～23:00（売切次第、閉店）
［定休日］ 年末年始
［席数］ 26席
［平均予算］ 4,000円～6,000円
［焼台］ ガス（無煙ロースター）

これを食え ❶
当店きっての人気メニュー！
特上牛冊焼き

看板メニューの贅沢な厚切りサーロイン。ステーキのような厚さ1.5cm程度で登場する厚切りサーロインを生醤油で味わう。2,300円。

これを食え ❷
貴重なタンを贅沢に頂く！
上タン冊焼き

こちらも1.5cm程度の厚切り牛タン。1つのタンから、2枚程度しか取れないタンシンの部分を贅沢にカット。タンの脂と相性の良い、塩ごま油で頂く。2,290円。

これを食え ❸
牛一頭買いだからこそ自信アリ！
上赤身

ランプ、シンシン、クリミ、ウワミスジなどの希少部位を、仕入れ状況によって構成する上赤身。自信のある部位なので、塩で風味と共に味わって欲しい。1,780円。

これを食え ❹
気持ちもお腹もほっこり!!
和牛そぼろご飯

実は焼肉と合わせてのオーダーが多いご飯物。焼き上げた肉を、そぼろご飯に巻いて食べると新食感。580円。

ら、ぼうふ

YAKINIKU RESTAURANT

BEEF KITCHEN

（ビーフキッチン）

（中目黒）
デート、ファミリー向き

中目黒の地で飲み放題を付けても6,500円 コスパ重視の女子会や、焼肉デートにオススメ

2008年12月にオープンした目黒銀座商店街にある人気焼肉店BEEF KITCHENは、全席ベンチシートのため、ゆったり寛げるので、デートや女子会にも最適なお店です。

使用する黒毛和牛は、職人が、冷蔵保存で品質管理を徹底し、部位による最適なカットをするため、手切りにこだわっています。

中目黒にあるので、花見の季節にも、ぜひ（店内から桜は見えません）。

人気No.1部位はしんしん。ももの中心部位で薄切り。軽く炙る程度で頂きます。〆には、牛骨を24時間以上煮込んだ自家製スープと、冷麺の麺を使用した牛骨ラーメン。デザートはLIVEジェラート！ マイナス196度の液体窒素を混ぜて、その場でジェラートをつくるのが名物でフレーバーも多種。

焼肉好きのスタッフも多く、肉の食べ方を質問すると的確にアドバイスしてくれます。ランチもやっていますので、まずは気軽に訪れたいお店です。

Yakiniku Journeyの独り言

デザートのLIVEジェラートは、見ているだけでなく、自分でもやってみたくなります。スタッフにお願いすると、自分でまぜまぜさせてもらえます。ただ、液体窒素は危険なので、十分ご注意を。

POINT 1 コースがお得。高いコースでも中目黒の地で、飲み放題を付けても6,500円。

POINT 2 LIVEジェラートは、ライブ感満載なのでオーダー必須。デート仕様なら、なおさらです。

SHOP DATA

BEEF KITCHEN（ビーフキッチン）

［住所］ 東京都目黒区上目黒2-44-8 ロ カーサ上目黒B1F
［電話］ 050-3184-3601（予約専用）
［営業時間］ 月～金11:30～14:30、17:00～23:00、土日祝12:00～23:00
［定休日］ 不定休 ［席数］ 78席
［平均予算］ 6,000円 ［焼台］ ガス

これを食え――❶

タレとの相性バツグンの一番人気！

しんしん

しんたまの中でも一番人気で、イチ押しメニュー。薄切りで3秒ずつ、さっと焼いて丸めて、タレに付けて一気に頂く。薄切りですが安心してください、スタッフが焼いてくれます。1,140円。

これを食え――❷

ジュレにしたポン酢で！

黒毛和牛ともさんかくのたたき

しんたまの中で、いちばん霜降りの多い部位が、ともさんかく。たたきの上に、ポン酢のジュレと薬味で頂きます。さっぱりと何枚でも食べたくなる一品。840円。

これを食え――❸

レアめがオススメ！

サーロインすき焼きセット

サーロインをオーダーし、プラス150円でセットにします。サーロインの旨味を損なわないために、火を通し過ぎないように焼きます。卵は千葉県産の鈴卵を使用しています。サーロイン1,290円、すき焼きセット（卵＋ライスボール）＋150円。

これを食え――❹

ライブ感覚で味わう！

LIVEジェラート

液体状のジェラートの素に液体窒素を投入し、まぜまぜして、完成させる目にも楽しい一品。毎月味が変わります。ちなみに2017年10月は、ハロウィンにちなんでパンプキン、11月は栗、12月はシロクマでした。490円。

びーふてい
中目黒本店

（中目黒）
会社同僚、ファミリー向き

1人前は他店より多めの90g。肉をお腹いっぱい食べたい時は、ガツン焼きで決まり！

ステーキのような見た目、厚さで圧倒的なインパクトを誇るガツン焼きを食べに行きたいのが、東急東横線中目黒駅から程近い、中目黒銀座商店街の入口にあるこちら。

焼肉・しゃぶしゃぶも提供する「びーふてい」は、3代続く精肉店だからこそ、肉の目利きには絶対の自信があります。祖父の代からの独自ルートで、リーズナブルに仕入れする肉を楽しめるコスパ高のお店です。

牛一頭買いをしているので、希少部位も提供でき、「出会えたらラッキー！10日に一度の幻限定メニュー」「食べなきゃ損！イチ押しメニュー」等、希少メニューも存在します。部位の在庫状況は、予約時に確認を。

正肉、ホルモン共に独自ルートを築きリーズナブルに提供していますが、フレッシュホルモンがオススメです。特に特上ハラミ（1、280円）は国産で、この質でこの価格、中目黒でこの価格は、おおよそ味わえない一品。

Yakiniku Journeyの独り言

〆はカレースープ（450円）がオススメ。肉（スジ、喉ボトケ）と数種類の野菜を3日間煮込んだカレースープは、肉を食べ終えた終盤に半ライス（250円）と一緒に注文したい。密かに〆の定番になりつつある。

POINT 1 都心のオシャレなグルメタウン中目黒。高価格帯のお店が多い中、高コスパな焼肉&しゃぶしゃぶ店。

POINT 2 他店より、ボリューミーな1人前は、およそ90gで提供。肉をガツンと食べたい時にこそ行きたい。

SHOP DATA

びーふてい 中目黒本店

［住所］ 東京都目黒区上目黒2-6-9 マルモビル1F
［電話］ 03-3719-7025
［営業時間］ 火～木 11:30～14:00、18:00～23:00、土日祝17:30～23:00
［定休日］ 無休 ［席数］ 28席
［平均予算］ 5,000円～7,000円
［焼台］ ガス

これを食え――❶

焼肉幸福度No.1！

サーローイン ガツン焼き90g

一頭買いならではの希少部位を、分厚く贅沢に提供するガツン焼き。高級部位の霜降りサーロインでも厚さ1.5cmで提供されます。ニンニク醤油、おろしポン酢、柚子胡椒、マスタードの４種類で提供される調味料の中で、サーロインは、ガツンとニンニク醤油か、さっぱりとおろしポン酢がオススメ。1,980 円。

これを食え――❷

肉肉しさがたまらない!!

肩サンカク ガツン焼き90g

一頭買いならではの希少部位を、分厚く贅沢に提供するガツン焼き。カタサンカクは、肩のみすじに隣接する赤身の部位で、厚さ 1.5cmで提供されます。提供される４種類の調味料のうち、柚子胡椒、マスタードでピリッと食べるのがオススメ。1,980 円。

これを食え――❸

ご飯にガッツリ巻いて！

サーロイン焼きすき 卵・ライス付き

しゃぶしゃぶも提供する「びーふてい」で自信を持って提供しているサーロインをすき焼き風に。割り下風のタレにしっかり漬けて焼き、溶き卵に投入した後はそのまま食べるも良し。ご飯にがっつり肉を巻いて一緒に頂くも良し！ 2,200 円。

焼肉屋 はせ川

（阿佐ヶ谷）
会社帰り、おひとり様向き

夜中に小腹が減ったなら、
阿佐ヶ谷の超駅近、深夜肉食堂を目指せ！

JR阿佐ヶ谷駅、徒歩1分。駅近の好立地なのに、なぜかその実力をあまり知られていない、隠れていないが、隠れ家的な焼肉屋。それが、「焼肉屋 はせ川」です。1階は、カウンターで、2階がテーブル席になります。

タン以外は、和牛A5ランクを使用しており、お客さんの6割がオーダーする2つのコースは、希少部位と人気部位が入り交じり、とてつもないコスパ高の構成です。さらに、コースにプラス1、800円で2時間飲み放題（90分ラストオーダー）にすることができます。この高コスパコースながら、ここ数年で少しだけ値上がりしたというのだから驚きです。もはや、「この値段で、やっていけるのか？」と客のこちらが心配になるほど。

月～土は、深夜3時まで営業しており、焼肉深夜族にとっては、大変使い勝手が良い店です。今回は、オススメの2つのコースから、それぞれ代表的なメニューを2つずつ紹介したい。

Yakiniku Journeyの独り言

お得なコースが早い時間の入店で、さらにお得！　17:50までに入店し、本書を見せてコースを注文すると、3,300円コース→3,100円、4,200円コースが4,000円になります。メンバー全員が揃ってからのスタートなので、ご注意を。

POINT 1　お客さんの6割がオーダーする[はせ川のおすすめコース]が圧倒的にお得。3,300円、4,200円の2コースがあります。

POINT 2　深夜3時まで営業（月～土）していて、使い勝手の良い焼肉屋。深夜に小腹が減って焼き肉が食べたい時の強い味方。

SHOP DATA

焼肉屋 はせ川

[住所]　東京都杉並区阿佐谷南2-17-6
[電話]　03-3316-4129
[営業時間]　月～土17:00～翌3:00、日17:00～23:00
[定休日]　年末年始
[席数]　40席
[平均予算]　4,000円～5,000円
[焼台]　ガス

これを食え――❶

こんなつくね見たことない！

牛タンとつくねのネギ塩タレ

タンをカットした部分以外を捏ねてつくねに。繋ぎは入っていますが、それ以外は牛タン100%。柔らかい中にもタン独特のコリッとした食感が楽しいメニューで、ネギ入り塩ダレで。3,300円コース内。

これを食え――❷

オープン当初から不動の人気！

イチボと焼き野菜

イチボが1人2枚付くのが嬉しい。オープン当初からの看板メニューです。大判にカットされたイチボをタレ肉で頂きます。3,300円、4,200円両コース内。

これを食え――❸

どこから食べるか迷っちゃう！

極上和牛5点盛り（わさび醤油）

仕入れ状況にもよりますが、おおむね内容は決まっています。肩ロース、ザブトン、ミスジ、トウガラシ、カイノミなどの5点。山葵醤油で頂きます。3,300円のコースだと極上和牛が3点盛りになります。4,200円コース内。

これを食え――❹

残ったタレでもご飯がススム！

リブロースとロースのすき焼き風

リブロースとロースが1人2枚ずつで嬉しいメニュー。コースの終盤に登場し、タレをたっぷりと絡めて、溶き卵に潜らせて頂く。ご飯に合うメニューです。4,200円コース内。

神戸びいどろ 浜松町店

（浜松町）
会社同僚、肉好きの会向き

銀座の高級ステーキハウス「神戸牛炉釜炭焼ステーキIDEA銀座」の系列店 神戸ビーフ専門店の食べ放題はお値打ち価格

銀座の高級ステーキハウス「神戸牛炉釜炭焼ステーキIDEA銀座」の系列焼肉店。神戸本店の神戸ビーフ専門の焼肉店で、唯一食べ放題メニューがあるのが浜松町店です。

　神戸ビーフは三大和牛としても知られており、外国人にも知名度の高いブランド牛なので外国人のお客さんにも喜ばれます。特徴はサシの美しさと脂肪のオレイン酸含量が多く融点が低いことです。脂肪の融点が低いと口に入れた時に脂肪が早く溶け、きめ細かく上品な甘みと、なめらかさを感じるという特徴があります。

　しかも、「神戸びいどろ」では仕入れをする生産農家にもこだわっています。神戸ビーフを管理する神戸肉流通協議会で何度もチャンピオン牛を輩出した実績のある中西牧場グループの一頭買いにこだわって仕入れています。飲み放題も付いたこの価格帯で、名門中西牧場グループ生産の神戸ビーフの食べ放題は、お値打ち以外の何物でもありません。

Yakiniku Journeyの独り言

食べ放題メニューですが、予約の際に事前に伝えれば、階段盛りで盛り付けてもらえます。スターターは、お店のお任せになりますが、ぜひ、迫力満点の階段盛りで、神戸ビーフを味わってください。

POINT 1
神戸びいどろは、都内に初台店、大井町店もありますが、食べ放題メニューは、浜松町店のみです。2017年6月から実施しており、正肉は神戸ビーフです。

POINT 2
食べ放題コースは8,640円、10,800円の2コースがあり、コース注文の方は、プラス1,000円で120分飲み放題をつけられます。オススメは10,800円のコースで希少部位が全て含まれます。

SHOP DATA

神戸びいどろ 浜松町店

［住所］ 東京都港区海岸1-2-3　汐留離宮ビルB1F
［電話］ 03-5473-3729
［営業時間］ 月～金（祝除く）11:30～14:00、17:00～23:15
［定休日］ 日祝
［席数］ 74席
［平均予算］ 5,000円～7,000円
［焼台］ ガス

これを食え――❶

きめ細やかな甘さ！

神戸牛炙り大トロ寿司

食べ放題メニュー外になりますが、食べて頂きたいメニュー。特上カルビにあたる三角バラを軽く炙り、寿司として提供しています。脂肪の融点が低いので、脂肪の口溶けが早く、きめ細かく上品な甘みと滑らかさが感じられます。3 貫 1,080 円。

これを食え――❷

神戸牛の美しい！

ザブトン

肩ロースでサシの入り具合が美しい部位。すき焼きにも使用される部位なので、卵で食べるのもオススメ。特徴である脂肪のオレイン酸含有量が多く、融点の低さ、さっぱり感が味わえる神戸ビーフならではの一品。1,880 円。

これを食え――❸

標高28cm! タワーの高さに驚く!!

肉鍋

高さ 28cm を誇る肉鍋。通称 [肉の赤富士] は、白スープと赤スープがありますが、オススメは辛みのある赤スープ。この赤いスープに染み出す、神戸ビーフの脂とスープのマリアージュを堪能して頂きたい。通は白ご飯を注文し、〆のラーメン前に、ご飯にかけてかき込みます。昨年末より、流行の兆しがある肉鍋を神戸の本店では、2010 年 11 月より、いち早く提供しています。1 人前 1,520 円（2 人前から）。

赤と霜

（三軒茶屋）
会社帰り、おひとり様向き

三軒茶屋駅から徒歩１分。カウンターのみの１枚から注文できる、お気楽、おひとり様焼肉！

2016年4月オープン。立ち食い焼肉店としてスタートしましたが、おひとり様で楽しむ方が多いことから、カウンター焼肉店に転換。店名は赤身肉と霜降り肉に由来し、今や、お客様の7割がおひとり様で、女性のおひとり様も多数。

銘柄は特定しておらず、近江牛、松坂牛、たまに田村牛も楽しめます。ランチも11：30から営業。

盛り合わせの方がお得なので、まずは盛り合わせからスタートし、お好みを単品で頼むのが、通。圧倒的にお得なキャンペーンもやっているので、「この肉質でこの価格！　やっていけるのか？」と、商売っ気を客が気にしてしまうほどのコスパ高店で、地元に愛される店として君臨しています。

今回、オススメにするか悩みましたが、実はハラミ、サガリもぜひ、味わって頂きたい。スター部位のハラミは、国産牛の入荷が難しいのにもかかわらず、何とほとんど山形牛で提供しているという、驚くべきおひとり様焼肉店。

Yakiniku Journeyの独り言

お好みで、卓上にあるタレ、塩胡椒の他、ポン酢、醤油、レモン汁もあるので、スタッフに確認を。有料になりますが、山葵とトリュフ塩もあります。お得なキャンペーン情報はFACEBOOKでチェック。https://www.facebook.com/akatoshimo/

POINT 1 カウンターのみのおひとり様専門焼肉店。通い続けると、他のお客さんと友達になれるかも。女性も多い三軒茶屋すずらん通り入口付近。

POINT 2 おひとり様カウンター焼肉でも侮ることなかれ。ブランドにこだわりがない分、近江牛、松坂牛、山形牛も入荷します。話題のブランド牛、田村牛も入荷する店。

SHOP DATA

赤と霜

［住所］　東京都世田谷区太子堂4-22-15 第13東京ビル１F
［電話］　03-6805-5090
［営業時間］　月～木11:30～翌0:00、金土祝前日11:30～翌2:00
［定休日］　水（祝、祝前日は営業）
［席数］　12席（カウンターのみ）
［平均予算］　3,000円～4,000円
［焼台］　炭火

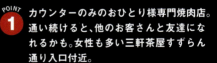

赤と霜　YAKINIKU RESTAURANT

これを食え―❶
なんと500円！
シャトーブリアン

最高級部位を1枚500円で提供しています。取材当日は、山形牛Ａ5でした。この値段で、シャトーブリアンを味わえるのは、お値打ち。1種類20g。500円。

これを食え―❷
おひとり様でも贅沢にキャビアを
フレッシュキャビアと赤身

キャビアをのせた上質の赤身肉をこの値段で提供！　侮るなかれ、キャビアもこだわりがあり、フィンランド産のバエリ（シベリアチョウザメ）を仕入れています。キャビアの塩味だけで楽しめる一品。仕入れ状況により、お肉はカタサンカク、シンシン、ランプ、トウガラシ等。580円。

これを食え―❸
ぜひトリュフ塩で！
サーロイン

高級部位サーロインを1枚から低価格で味わえます。上質の脂のサーロインなので、さっと炙る程度に焼き、有料のトリュフ塩で頂きたい。別注にはなりますが、ご飯はつや姫なので、ご飯に巻いて頂きたい。380円。

宮崎牛専門店
牛匠（ギュウショウ）

（千歳烏山）
ファミリー向き

霜降りの美サシをさっと炙って、甘めの醤油ダレで
都城から上陸した牛の匠がいる宮崎牛専門店！

今の焼肉ブームからは逆行する焼肉屋さんかもしれません。世の中的には赤身肉志向の中、牛匠は、赤身肉の腕肉、モモ肉は置いていません。仕入れる肉は、トモバラとロインのみという潔さ。全ては美味しくて美しい宮崎牛を東京で広めたいという一心から、霜降りの美しい肉質5等級のうちBMS10〜12のコザシ（脂肪粒子数）の宮崎牛を仕入れるこだわり。上質な脂を溶かすようにさっと炙って、自家製醤油ダレか甘めの早川醤油（都城産）の山葵醤油に付けて、ご飯の上に2バウンドさせてかっ込みたい。ご飯ももちろん、こだわりの都城産のヒノヒカリで、店主のご両親が生産したお米です。

どこの駅からも20分以上かかる住宅街にあり、本当はあまり教えたくない焼肉店です。宮崎牛の話をしだすと止まらない、肉愛に満ち溢れた店主夫妻の温かい人柄も心地よく、積雪量の多い霜降り肉と米のマリアージュをガッツリ堪能したい時に訪問したいお店。

Yakiniku Journeyの独り言

時折、メニューに載せていないものも用意できるので、訪店の際はぜひ、店主に問い合わせてみてください。調味料の山葵醤油、ポン酢、コチュジャン、ヤンニョンジャンはお願いすれば頂けます。

POINT 1 「セールスポイントは、宮崎牛の素材のみです」と即答する店主が選ぶBMS10〜BMS12の美サシ（美しい霜降り）宮崎牛。

POINT 2 醤油、味噌、みりん、酢、米、酒も宮崎県都城産にこだわり、醤油ダレ、味噌ダレ、ドレッシングも手づくりにこだわる。

SHOP DATA

宮崎牛専門店 牛匠（ギュウショウ）
［住所］　東京都世田谷区北烏山7-30-32
北烏山ロータリーマンション1F
［電話］　03-6909-0029
［営業時間］　17:00〜23:00
［定休日］　火　［席数］　30席
［平均予算］　5,000円〜6,000円
［焼台］　ガス

これを食え――❶

肉と脂が一瞬でトロける！

宮崎牛のたたき

スターターは宮崎牛のたたきに決まり。仕入れ状況によりますが（サーロイン、ササバラ、三角バラなど）をさっと炙って、山葵醤油で頂きます。口に入れると肉と脂が一瞬でトロけます。1,200円、当日はササバラ。

これを食え――❷

まさに肉の大トロ!!

特選大トロの炙り握り（2貫）

さっと炙った肉寿司（サーロインorリブロース）に都城産甘口ポン酢を垂らした大根おろしと岩塩、大葉も一緒に一口で頂きます。三位一体の味が口福です。1,400円。

これを食え――❸

霜降りが目にもまぶしい!!

特選カルビ

メニューにはカルビとうたっていますが、実はスター部位のザブトンを贅沢に切り出しています。霜降りが美しく、さっと炙って頂きます。2,300円。

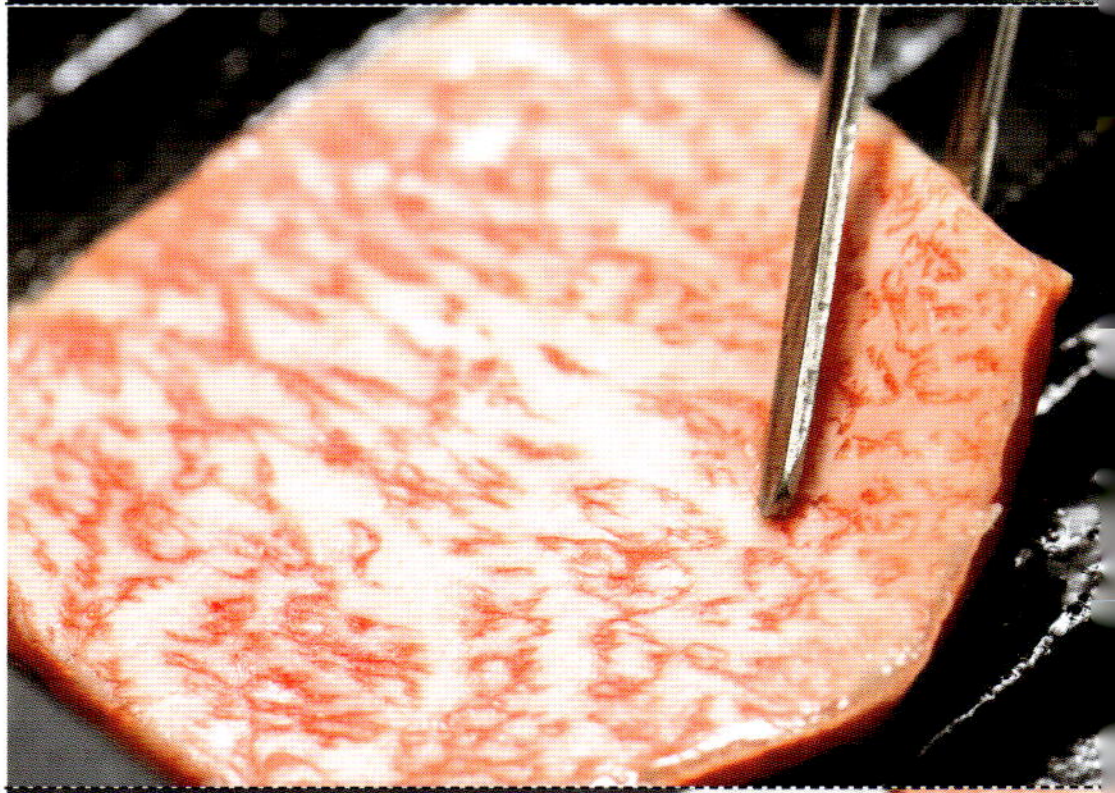

これを食え――❹

宮崎牛の本気見せます！

特選リブロース

セールスポイントの宮崎牛の素材を表現するに相応しい、リブロースを常に仕入れています。美しい霜降り（美サシ）が素晴らしく、さっと炙って醤油ダレか、山葵醤油で頂きます。2,700円。

焼肉すみ屋

（押上）
会社同僚、ファミリー向き

ネクストブレイク間違いなしのブランド牛！ 雪降り和牛・尾花沢を常時取り扱う、超希少な焼肉店

東京スカイツリーの麓、下町の押上に極上の肉を取り扱う焼肉店がありました。それが次世代ブランド牛と名高い雪降り和牛・尾花沢です。月齢32カ月以上の牝牛の肉と脂のバランスに優れ、肉質は柔らかく、脂は、さらっと溶け、まるで粉雪とも形容される味わいです。山形牛のA5ランク牝牛にこだわり続けた店主が、ようやくたどり着いたのが雪降り和牛。「すみ屋」では正肉に関して、すべて雪降り和牛を扱っています。

2Fの窓側の個室からは、東京スカイツリーを綺麗に見ることができます。隅田川をイメージした［粋］の水色と、江戸紫の［雅］。日々ライティングが変化する東京スカイツリー。押上駅から徒歩1分で、ライトアップされたスカイツリーを見ながら、ぜひ極上の肉質と脂を味わってください。

今回は雪降り和牛推しでしたが、実は不動の人気メニュー、ネギタン塩も食べてもらいたい一品。ネギは手切りで、片面焼き、ぜひ、レモンダレで。

Yakiniku Journeyの独り言

せっかくの雪降り和牛も焼き方次第で、残念な仕上がりに。焼き方に困ったら、スタッフに気軽に声をかけ、焼いてもらってください。極上の味わいで頂けます。

POINT 1 山形県産の黒毛和牛の中でも極上の逸品のみが、雪降り和牛（月齢32カ月以上、牝牛）を名乗る資格を得ます。押上の地で極上の雪降り和牛が、存分に味わえます。

POINT 2 肉の旨味はオレイン酸で決まります。豊富なオレイン酸により、脂はしつこくなく、さらっと溶けるので、まるで粉雪のよう。そんな脂を下町でたんまりと堪能。

SHOP DATA

焼肉すみ屋

［住所］　東京都墨田区業平4-16-1
［電話］　03-5819-3130
［営業時間］　月～金11:30～14:00、17:00～翌0:00、土日祝11:30～15:00、17:00～翌0:00
［定休日］　無休　［席数］　80席
［平均予算］　5,000円～6,000円
［焼台］　ガス（1F）、炭（2F）

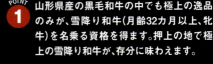

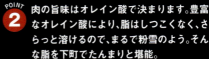

これを食え ❶
エンドレスに食べられる旨さ!
あぶり極みロース

シンタマの中、シンシンから切り出された部位を裏表10秒でさらっと炙る程度に焼き上げます。ウズラの卵に絡めて、薬味ネギを巻き、山葵をのせて頂きます。ウズラの卵はスタッフに頼めば人数分提供して頂けます。1,580円。

これを食え ❷
こんな肉が世の中にあったのか!!
特上ヒレ（シャトーブリアン）

超希少！ 都内で食べられるお店があるとは!?雪降り和牛のヒレ中のヒレ、シャトーブリアンが気軽に味わえます。最初は塩でシンプルに肉の旨味を味わい、山葵醤油、ガーリックバターで悶絶、そして訪れる至福。3,580円。

これを食え ❸
雪降り和牛の食べ比べにぜひ！
すみ屋 特選盛り

雪降り和牛をたっぷり味わいたいなら、こちらをオススメします。仕入れ状況によりますが、選りすぐりを提供されます。山葵醤油で食べるのがオススメ。撮影当日は、サーロイン、ザブトン、ミスジ、肩三角、ランプなどの6点盛り。5,300円。

これを食え ❹
どの角度から見てもパーフェクト！
ミスジ

特選盛りに入っていることもありますが、あえてミスジをオススメします。大判で切り分けられた厚みのある美しいミスジを軽く焼き、あっさりした美サシの脂と共に頂きます。2,680円。

焼肉すみ屋　YAKINIKU RESTAURANT

おわりに

私はこれまでにビジネス系の書籍を４冊上梓させて頂きましたが、本書『焼肉の達人』ほど、本づくりでチーム感を味わったことはありません。チーム「焼肉の達人」としてつくり上げた1冊を世の中に送り出せたことを非常に嬉しく思っており、携わって頂いた全ての方に感謝しています。

肉愛溢れるカメラマンの榊智朗さん。人物写真は超一流でも、室内で温度の上がる焼肉の撮影は初めて。試行錯誤しながらも最高に旨そうな肉を撮影して頂きました。ただ、ギャラよりも高い!?　ストロボを壊してしまってすみません。編集担当の落合めぐみさん。土日しか撮影、取材、執筆に充てられない私が順調に進められたのは、落合さんのスケジュール管理、編集のおかげです。ありがとうございます。そして、ダイヤモンド社書籍編集局第四編集部編集長の土江英明さん。一度は、お仕事をしたいと思っていましたが、まさか焼肉の本で叶うとは!?夢にも思っていませんでした。見いだして頂き、ありがとうございます。焼肉店さんへの取材も一緒、焼き方の撮影も一緒、写真選びもご一緒して頂きました。一人で書き上げました！　と言えるところは一ミリもありません。チーム「焼肉の達人」でやり切ったからこそ、ずっと大切にしたい本に仕上がりました。

実際に取材させて頂きました41店の店主様、スタッフの皆様。大変お忙しいところ、押しかけたにもかかわらず、気持ちよく取材と撮影させて頂きまして、ありがとうございました。特に焼き方の撮影では、神戸びいどろの山本雅幸営業本部長、三吉克也エリアマネージャーにお世話になり、ありがとうございました。

最後に土日の撮影や、執筆で不在にしていた私に文句の一つも言わずに1歳児を健康優良児に育ててくれている妻・真美にも感謝したい。また、その1歳児・珠央。初めて食べた牛肉が尾崎牛という、これから筋金入りの焼肉好きになることはまず、間違いないでしょう。末恐ろしくもあり、楽しみでもあります。

焼肉を巡る旅はまだまだ終わらない。

YAKINIKU JOURNEY

小関　尚紀

エリア別索引

（住所非公開）

CROSSOM MORITA［集合：JR鶯谷駅北口］ デート、肉好きの会、肉のリテラシーを上げたい人向き……78

THE WAGYUMAFIA PROGRESSIVE KAISEKI 接待、デート向き……82

●銀座・人形町・月島

神戸牛炭火焼肉 日本橋イタダキ 人形町・会社同僚、肉好きの会、ファミリー向き……122

韓灯 月島・会社同僚向き……128

焼肉赤身にくがとう 人形町・会社同僚、肉好きの会向き……120

焼肉 銀座コバウ 8F特別室 銀座・接待、デート向き……94

●恵比寿・中目黒・三軒茶屋・三宿

赤と霜 三軒茶屋・会社帰り、おひとり様向き……158

炭焼喰人三宿 三宿・接待、会社同僚、デート向き……106

BBQ 610 恵比寿・会社同僚、デート、肉好きの会向き……112

BEEF KITCHEN 中目黒・デート、ファミリー向き……150

びーふてい 中目黒本店 中目黒・会社同僚、ファミリー向き……152

焼肉ケニヤ 三宿・会社同僚、ファミリー向き……136

●新宿・市ヶ谷・曙橋・池袋

炭火焼肉 あもん 池袋・会社同僚、肉好きの会向き……126

炭火焼肉なかはら 市ヶ谷・接待、デート向き……86

ヒロミヤ本店 ハナレ2F個室 曙橋・会社同僚、肉好きの会向き……138

焼肉 大貫 新宿御苑・接待、会社同僚、デート向き……102

●赤坂・六本木・西麻布・麻布十番・広尾

赤坂 大関 赤坂・会社同僚、肉好きの会向き……134

お肉屋けいすけ三男坊 広尾・接待、会社同僚、デート向き……104

格之進+R 六本木・会社同僚、デート、肉のリテラシーを上げたい人向き……96

Cossott'e Sp 麻布十番・会社同僚、デート向き……108

肉匠堀越　広尾・接待、デート向き……92

西麻布けんしろう　西麻布・接待、デート向き……88

●上野・根津・千駄木・本郷三丁目

生粋　上野末広町・接待、会社同僚、デート向き……110

肉と日本酒　千駄木・会社同僚、肉好きの会向き……140

房家 本郷三丁目店　本郷三丁目・会社同僚、肉好きの会向き……132

焼肉炭聖根津本店　根津・会社同僚、ファミリー向き……130

●浅草・押上

肉のすずき　浅草・会社同僚、デート、肉好きの会向き……116

焼肉 すみ屋　押上・会社同僚、ファミリー向き……162

●不動前・五反田・三田・浜松町・鮫洲

神戸びいどろ 浜松町店　浜松町・会社同僚、肉好きの会向き……156

GU3F　五反田・会社同僚、肉好きの会向き……142

東京・大阪食肉市場直送 肉焼屋D-29　三田・会社同僚、デート向き……100

焼肉 乙ちゃん 本店　鮫洲・肉好きの会、ファミリー向き……144

焼肉しみず　不動前・会社同僚、デート、ファミリー向き……90

●東急沿線

尾崎牛 丸子屋　武蔵小杉・会社同僚、デート、ファミリー向き……98

焼肉 千里　駒沢・ファミリー向き……146

ら、ぼうふ　用賀・会社同僚、ファミリー向き……148

●京王・小田急沿線

炭火焼肉ふちおか　経堂・会社同僚、ファミリー向き……124

宮崎牛専門店 牛匠　千歳烏山・ファミリー向き……160

●中央線 阿佐ヶ谷・吉祥寺

肉山 総本店　吉祥寺・会社同僚、肉好きの会向き……118

焼肉屋 はせ川　阿佐ヶ谷・会社帰り、おひとり様向き……154

●町屋

正泰苑 総本店　町屋・会社同僚、肉好きの会、ファミリー向き……114

参考文献

小関尚紀（東洋経済オンライン『意外と知らない「焼き肉」の新常識』）
https://toyokeizai.net/category/yakiniku-shinjoshiki

藤枝裕太『焼肉美味手帖（知ればもっとおいしい！食通の常識）』（世界文化社）

[著者]
小関尚紀（こせき・なおき）
1970年、大阪府生まれ。サラリーマン作家。
趣味、焼肉。都内140店舗の焼肉店を訪問するなど独自研究、分析がこうじて、東洋経済オンラインで焼肉記事を連載。たちまち人気連載となった。
焼肉は、メインの肉を焼き仕上げることを客に委ねるケースが多い、減点法のグルメ。きっちり焼き上げないとせっかくの美味しい肉がもったいないことになってしまうのだが、今まで上手く焼くための指南書が存在しなかった。美味しい焼き方の技術を読者にシェアしたいというのが、本書を書く動機となった。
筑波大学大学院ビジネス科学研究科博士課程後期中退。早稲田大学大学院（ビジネススクール）国際経営学専攻修了［経営学修士］。現在、都内企業に勤務しながら作家として活動。著書に、『「即判断」する人は、なぜ成功するのか？』（サンマーク出版）、『世界一わかりやすい「ゲーム理論」の教科書』（KADOKAWA）などがある。

[撮影]
榊 智朗（さかき・ともあき）
フリーカメラマン、写真家。
1979年、福岡県朝倉市生まれ。2006年リクルートひとつぼ展入選後、独立。
人物・料理・建築等の広告、書籍の表紙、PV等様々な分野で活躍している。

焼肉の達人

2018年6月20日　第1刷発行

著　者──小関尚紀
発行所──ダイヤモンド社
　　　　　〒150-8409　東京都渋谷区神宮前6-12-17
　　　　　http://www.diamond.co.jp/
　　　　　電話／03·5778·7227（編集）　03·5778·7240（販売）
装丁・本文デザイン──井上新八
本文デザイン──中井辰也
撮影────榊 智朗
編集協力──落合めぐみ
製作進行──ダイヤモンド・グラフィック社
印刷────勇進印刷（本文）・加藤文明社（カバー）
製本────ブックアート
編集担当──土江英明

©2018 小関尚紀
ISBN 978-4-478-10316-6
落丁・乱丁本はお手数ですが小社営業局宛にお送りください。送料小社負担にてお取替えいたします。但し、古書店で購入されたものについてはお取替えできません。
無断転載・複製を禁ず
Printed in Japan